文言虛字用法

文言虛字用法

著者：朱翔新
出版者：文史哲出版社
登記證字號：行政院新聞局局版臺業字〇七五五號
發行所：文史哲出版社
印刷者：文史哲出版社
台北市羅斯福路一段七十二巷四號
郵撥〇五一二八八一二彭正雄帳戶
電話：三五一一〇二八
實價新台幣二二〇元
中華民國七十九年十一月再版

目次

【阿拉伯字表示用法的個數】

本書虛字「起承轉合」用法分類索引

起

承

轉

合

語文對譯文言虛字用法編輯大綱

一 編輯動機

編者鑒於現時小學生升入初中時，學習文言文有格格不入之苦；尤其是對於文言文裏的虛字，他們覺得太陌生了，幾乎像學習外國語一樣的苦。還有，在作文課上，教師偶然出了一個文言題目，令學生做篇文言文，他們更覺得頭痛，簡直無從下筆；勉強下筆，「其之」「之曰」，滿紙笑話。爲要解除學生們這種學習上的苦惱，就有編輯本書的動機。

本書是拿文言文裏常用的虛字單詞七十三個，複詞三十九個，提示出來，逐個用語體解釋，逐個舉實例運用，語文對譯，使學者確切明白文言文裏某個虛字，就相當於語體文裏的甚麼幾個字。意義既然溝通，用法又舉實例，自然容易瞭解，能夠運用，可以解除上述的兩種苦惱。

二 編制特點

1.本書編制，拿一個虛字的一種意義做單位。凡壹個虛字有幾種意義的，用阿剌伯數字在單位下標明，分別解釋，以免混淆。

2.虛字每一單位的內容如下：

【解釋】 說明相當於語體的甚麼。

【用法舉例】 根據該字的解釋，提示實例三式，語文對譯。文句較短的實例在前，較長的在後，以便學習。

【注意】說明該字在文句中的位置，以免使用時發生錯誤，或說明該字與他字用法上的相類或差別，以資參證。

【練習】提出可供練習該字用法的材料，或爲語體譯文言，或爲文言譯語體，以備學生自習之用。

3.本書將采集所得的全部虛字，按照該字筆畫多少，排成目次，筆畫少的在前，多的在後，以便檢閱。

4.本書又將采集所得的全部虛字，就使用的大體，分爲「起」「承」「轉」「合」四類，製成索引，以便讀者於作文應用時候，易於檢閱。

三　使用方法

本書供學校學生用作國文科補充讀物，或家庭子弟用作國文課外自修。使用方法，可斟酌學習對象及情形而定。例如：

1.初中學生，可以在一學年中教完。

2.小學高年級學生，從五年級或六年級教起均可。

3.補習學校學生，可視修學期間的長短，加以活用。

4.家庭子弟，可視個別的學力，規定一個適當的期間，把本書修習。

一畫

【一似】

（解釋）相當於語體的「好像」或「好像是」。

（用法舉例）

第一例（文）彼頗健談，一似無物不知。

（語）他很愛說話，話很多，好像沒有一樣東西不知道。

第二例（文）張君必欲前往西湖，遊覽名勝，一似非此不可。

（語）姓張的一定要到西湖去，走走看看那有名的好風景，好像不這樣不可以。

第三例（文）有婦人哭於墓者，而哀。子路問之曰：「子之哭也，一似重有憂者。」

（語）有個婦人在墳墓旁哭的十分悲傷。子路問她說：「你這樣哭，好像是有很大的痛苦啊。」

（注意）

一、這個「一似」的位置，放在語句的頭上；在這語句的上面，要有特別的語句。

二、這個「一似」，改用「一若」「似乎」也可以。

（練習）

一、他要瑞士國製造的錶，好像不是這種不要買。

二、演說家之口，一似懸河瀉水，注而不竭。

三畫

【也】用法1

（解釋）相當於語體的「就是」或「是」。

（用法舉例）

第一例(文)儉，美德也；而世俗薄視之。

(語)儉，美德就是；卻是世俗人看輕牠。

第二例(文)讀書者，求知之捷徑也。

(語)讀書這件事情，是求得知識的近路。

第三例(文)孟子曰：「待文王而後興者，凡民也；若夫豪傑之士，雖無文王猶興。」

(語)孟子說：「要等着文王的敎化纔起來從善的人，平民就是；像那才能出衆的人，卽使沒有文王的敎化，還會自已起來做善。」

(注意)

一、這個「也」字的位置，必須放在詞句的末尾，在這語句的上面，必須另外有個語句。

二、這個「也」字的用法；語體順說或倒裝(倒裝必須說「就是」，不能說「是」)都可以，文言總是倒裝。就上面三個例子說明如下：

(語)(順說)儉，是美德。

(語)(倒裝)儉，美德就是。

(文)(倒裝)儉，美德也。

(語)(順說)讀書這件事情，是求得知識的近路。

(語)(倒裝)讀書這件事情，求得知識的近路就是。

(文)(倒裝)讀書者，求知之捷徑也。

(語)(順說)要等着文王的敎化纔起來從善的人，是平民。

(語)(倒裝)要等着文王的敎化纔起來從善的人，平民就是。

(文)(倒裝)待文王而後興者，凡民也。

(練習)

一、徐立這個人，窮苦人家的孩子就是。」

二、辛思順，金陵老儒也。

【也】用法2

(解釋) 相當於語體的「呢」或「哩」。」

「用法舉例」

第一例（文）浮生若夢，爲歡幾何：古人秉燭夜遊，良有以也。

（語）浮沈不定的人生像做夢一般，尋快樂能有多少時候：古時候的人拿着蠟燭趁着夜裏遊玩確實有理由呢。

第二例（文）余家有茅屋二間，南面種竹。夏日新篁初放，綠陰照人，置一小榻其中，甚涼適也。

（語）我家裏有茅屋兩間，屋的南面種着竹子。到了夏天，新竹子剛生出來，綠顏色的樹陰照着人，我把一個小榻放在屋子裏，很涼快呢。

第三例（文）飛衞敎紀昌學視，視小如大，視微如著。昌以氂懸蝨於牖，南面而望之。旬日之間，浸大也；三年之後，如車輪焉；以覩餘物，皆丘山也。

（語）飛衞敎紀昌學「看」的方法，要把小的東西看得很大，把細密的東西看得很明顯。紀昌用長的毛掛一個蝨子在窗口，自己朝着南面望牠。在十天的時候裏，慢慢地覺得牠大哩；三年以後，看上去像車輪的樣子；這時候用眼睛去看別種東西，都像高山一樣呢。

（注意）這個「也」字的位置，必須放在語句的末尾。在這語句的上面要有一個或多個語句。

（練習）

一、不是不會啊，是不做呢。

二、時而上學，時而缺課，非求學之正道也。

【也】用法3

（解釋）相當於語體的「的」。

（用法舉例）

第一例（文）彼曰「非也」；予曰「是也」。

（語）他說「不是的」；我說「是的」。

第二例(文)出言有信，人無不樂與之交也。

(語)說話有信用：別人沒有不喜歡和他交朋友的。

第三例(文)教者循循善誘，學者必能獲益也。

(語)教的人有次序的樣子很會引導，學的人一定能夠得到好處的。

(注意) 這個「也」字的位置，必須放在語句的末尾。

(練習)

一、能够孝順他的父母的人，沒有不敬重他的教師的。

二、與人相約，時間不可不守也。

【也】用法4

(解釋) 相當於語體的「的緣故」。

(用法舉例)

第一例(文)彼不愛摔角者，體力不勝也。

(語)他不喜歡摔角甚麼緣故呢？體力禁不起的緣故。

第二例(文)虎之食人不恆見，而虎之皮，人常寢處之，何哉？虎用力，人用智也。

(語)老虎的吃人不常看見，可是老虎的皮，人常常用牠做褥子，為甚麼呢？是老虎用力氣，人用智慧的緣故。

第三例(文)夫天地之化，日新則不敝；故戶樞不蠹，流水不腐，誠不欲其常安也。

(語)論到天地的生化萬物，天天更新就不會壞：所以門軸不會蛀，流水不會臭，實在是不使牠常常安逸的緣故。

(注意) 這個「也」字的位置，必須放在語句的末尾，在這語句的上面要有好幾個語句，至少要有一個語句。

(練習)

一、我不敢在許多人面前演說，沒有說話的技術的緣故。

二、每日必往公園行深呼吸者，强肺力也。

【也】用法5

（解釋）相當於語體的「啊」。

（用法舉例）

第一例（文）天尙未晚也，君已就寢，何哉？

（語）天還沒有夜啊，你已經睡覺，爲甚麼呢？

第二例（文）人之一身，如耳也，目也，手足也，數皆有二，惟口祇有一。

（語）人的一個身體上面，像耳朶啊，眼睛啊，手脚啊，數目都有兩個，只是嘴只有一個。

第三倒（文）有婦人哭於墓者，而哀。子路問之曰：「子之哭也，一似重有憂者。」

（語）有個婦人在墳墓旁邊哭泣，十分悲傷。子路問她說：「你這樣哭啊，好像是有很大的痛苦吧。」

（注意）這個「也」字的位置，必須放在語句的末尾。在這語句的下面要有一個或多個語句。

（練習）

一、紙啊，墨啊，筆啊，硯啊，書房裏四件寶貝，缺一件也不可以。

二、地之相去也，千有餘里。

【也】用法6

（解釋）相當於語體的「的時候」。

（用法舉例）

第一例（文）當王君之去國也，親友多送之登輪。

（語）在王君的離開本國的時候，親戚朋友大家都送他上輪船。

第二例（文）人之初生也，飢不能自食，寒不能自衣。

（語）人在剛出世的時候，肚子餓不會自己弄來吃，身上冷，不會自己拿來穿。

第三例(文)齊大饑，黔敖爲食於路，以待餓者而食之。有餓者來，黔敖曰：「嗟！來食。」餓者揚其目而視之曰：「予惟不食嗟來之食，以至於斯也。」從而謝焉。不食而死。曾子聞之曰：「微與！其嗟也可去，其謝也可食。」

(語)齊國遇到大荒年，黔敖預備了食物放在路上，等那飢餓的人來給他吃。有一個飢餓的人走過來，黔敖說：「眞可憐！來吃罷。」那飢餓的人勉强張開他的眼睛來看看黔敖，說：「我只是爲了不吃別人可憐我的食物，纔弄到這樣地步的。」黔敖走上前去對他賠罪，那人不肯吃就死了。曾子聽見了這件事，說：「只差一點兒哪！在黔敖表示可憐的時候應當跑開，在黔敖賠罪的時候可以吃了。」

(注意) 這個「也」字的位置，必須放在語句的末尾，下面定要有句話。

(練習)

一、他來的時候快，他去的時候慢。

二、昔也如此，今也不然。

【也】用法7

(解釋) 相當於語體的「哪」。

(用法舉例)

第一例(文)勇而無謀，何足恃也。

(語)有膽力卻是沒有謀畫，怎樣可以依靠哪。

第二例(文)余處事一秉至公，不圖君之以余爲循私也。

(語)我辦事完全依照最公平的道理，不料你這樣拿我當做順着私心哪。

第三例(文)宰我問曰：「仁者，雖告之曰：『井有仁

(通「人」)爲，」其從之也？」子曰：「何爲其然也。」

(語)宰我問道：「譬如有個仁愛的人，即使告訴他說：『井裏有個人落下呢，』他就跟從那人下去救他嗎？」孔子說：「爲甚麼他要這樣哪。」

(注意)

一、這個「也」字的位置，必須放在語句的末尾。在這語句的上面要有一個或多個語句。

二、這個「也」字的用法，帶着怪嘆的口氣。

(練習)

一、開口就駡人，怎麼沒有禮貌這樣厲害哪。

二、平日求學不努力，至學期之終，安得而不留級也。

【也哉】

(解釋)相當於語體的「的嗎」「的呢」或「就是嗎」。

(用法舉例)

第一例(文)才識勝人，孰有過於豪傑也哉？

(語)才能見識勝過人家，有誰好過那豪傑的呢？

第二例(文)薄於弟兄而厚於朋友，豈情也哉？

(語)薄待那弟兄卻是厚待那朋友，難道大家公認的情理就是嗎？

第三例(文)彼以其飽食無禍爲可恆也哉？

(語)牠們(指老鼠)拿牠們吃飽過日子沒有災殃當做可以永久的嗎？

(注意)

一、這個「也哉」的位置，放在語句的末尾。

二、這個「也哉」，改用「也歟」也可以。

(練習)

一、夏天就穿皮衣，冬天就穿麻衣，難道事物必然的緣由就是嗎？

二、與其爲「富而不仁」之人，曷若貧而樂道也哉？

【乃】（迺）用法1

（解釋）相當於語體的「纔」或「這纔」。

（用法舉例）

第一例（文）慾寡乃神爽；思多乃氣衰。

（語）嗜好的心少，這纔精神爽快；思索多，這纔體氣衰弱。

第二例（文）主人囑其僕曰：「倘有客來，當先問姓名，乃可通報。」

（語）主人吩咐他的僕人說：「如果有客人來，應該先問明姓名，這纔可以通知報告。」

第三例（文）人當飢餓時，雖粗糲亦覺適口；否則珍饈滿案，未必能下咽。可見適口之食物，本無一定，惟飢餓時之食物，乃覺津津有味耳。

（語）人在肚子餓的時候，即使粗飯也覺得合口味；不是這樣，那麼好吃的東西擺滿在桌子上，不一定能夠吃下去。可見合口味的食物，本來沒有一定，只有肚子餓的時候的食物，纔覺得很有滋味呢。

（注意）

一、這個「乃」字的位置，放在語句的頭上或中間。在這語句上面，要有別的語句。

二、這個「乃」字的用法，可以改用「然後」「始」等字。例如：

用「乃」字——當先問姓名，乃可通報。

用「然後」字——當先問姓名，然後可通報。

用「始」字——當先問姓名，始可通報。

三、這個「乃」字的用法，如果放在語句中間的，可以改用「而」字，例如：

用「乃」字——慾寡乃神爽，思多乃氣衰。

用「而」字——慾寡而神爽，思多而氣衰。

（練習）

一、我想往太原去，因爲路不通，這纔停止在這裏。

二、士窮乃見節義。

【乃】（迺）用法2

（解釋）相當於語體的「卻是」或「竟然」。

（用法舉例）

第一例（文）物與物相殘，人且惡之；乃有憑權位張爪牙殘民以自肥者，何也？

（語）物和物彼此傷害，人們尚且恨牠；竟然有種仗着權勢職位，顯示威力，傷害百姓來富足自己的人，爲甚麼哪？

第二例（文）杜處士曝畫，有戴嵩牛一幅。一牧童見之，大笑曰：「此畫鬥牛也，牛鬥在角，尾搐入兩股間；今乃掉尾而鬥，謬矣！」處士笑而然之。

（語）杜處士在陽光下面晒畫，有戴嵩畫的牛一幅。一個牧童看見了牠，大笑說：「這是畫鬥牛啊，牛鬥起來力氣全在角上，尾巴夾進兩條腿裏；現在卻是掉開了尾巴來鬥，畫錯了哪！」杜處士聽了笑笑並且覺得他的話是對的。

第三例（文）涸轍中之鮒魚，向莊周乞斗升之水；莊周願激西江之水以迎之，鮒魚曰：「吾得斗升之水活耳，君乃言此，曾不如早索我於枯魚之肆！」

（語）沒有水的轍窩兒裏的鮒魚，向莊周討一斗或一升的水；莊周願意引了西江的水來迎接牠。鮒魚說：「我只要得到一斗或一升的水活命就是了；你卻是說這大話，簡直不如早點兒尋找我在乾魚的舖子裏罷！」

（注意）這個「乃」字的位置，放在語句的中間或頭上。如果用在語句中間，同上面的字要可以讀斷。

（練習）

一、有了疑惑應該問，却是你不問，怎麼能够明白呢？

二、彼與某君，素稱莫逆，今乃相乖矣。

【乃（迺）】用法3

（解釋）　相當於語體的「是」或「就是」。

（用法舉例）

第一例（文）儉乃美德，而世俗薄視之。

（語）儉是美德，卻是世俗看輕牠。

第二例（文）張兒見水缸中有明月，以竿攪水，水動，月光散亂。驚曰：「月破矣，奈何？」其姊聞之，曰：「此非眞月，乃月影也。」

（語）姓張的孩子看見水缸裏有個月亮，用竹竿攪動牠：水動了，月亮光就散亂。害怕地說：「月亮碎了，怎麼樣呢？」他的

姊姊聽見了這話，說：「這不是眞的月亮，是月亮的影子呢。」

第三例（文）一巷狹而長。兒居巷底，偶呼其兄，聞有應聲。再呼之，聲亦應。更易一語，亦如所語應之。怪而問於父。父曰：「此乃回聲。」

（語）一條巷又狹又長。孩子住在巷底，偶然呼喚他的哥哥，聽見有同樣回應的聲音。再呼喚他，聲音也回應。再換一句話，也像說的話回應他。心裏奇怪回去問父親。父親說：「這就是回聲。」

（注意）

一、這個「乃」字的位置，放在語句的中間或頭上。在這語句的上面，要有別的語句。

二、這個「乃」字的用法，和「也」差不多，不過「乃」字放在語句的中間，「也」字要放在語句的末尾。

例如：

用「乃」字——儉乃美德。
用「也」字——儉美德也。（放在末尾）
用「乃」字——此乃回聲。
用「也」字——此回聲也。（放在末尾）

三、這個「乃」字的用法，和「爲4」一樣，可以改用「爲」字。不過用「爲」字的語句，如果「爲」字上面是動詞，不可改「乃」字。

用「乃」字——此乃回聲。
用「爲」字——此爲回聲。（也通）
用「爲」字——知爲貓。
用「乃」字——知乃貓。（不通）

（練習）

一、「舍弟」，是對着別人自已稱他的弟弟的話。
二、水乃氫氧之化合物。

【乃（迺）】用法4

（解釋） 相當於語體的「就」。

（用法舉例）

第一例（文）獎勵生產提倡實業，國乃富矣。
（語）用獎賞的方法去勸導生產，鼓勵使實業興旺，國家就富足了。

第二例（文）一嫗好念佛。或勸之，不聽。其人乃立嫗旁，呼嫗數十次。嫗怒，其人曰：「我呼汝數十次，汝卽怒；汝念佛千百遍，佛寧不怒耶？」
（語）一個婦人喜歡念佛，有人勸她，不聽。那個人就站在婦人的旁邊，喚婦人幾十遍。婦人生氣，那個人說：「我喚你幾十遍，你立刻生氣；你念佛幾千幾百遍，佛難道不生氣嗎？」

第三例（文）姨母壽辰將屆，姊妹二人籌慶祝之禮。妹曰：「父母自有餽送，何煩吾輩？」姊曰：「雖然，吾輩亦宜藉物伸意。」乃繡「萱室長春」四字贈之。

（語）姨母的生日快要到了，姊妹兩個人計劃慶祝的禮物。妹妹說：「父親母親自然有東西送去，爲甚麼要我們忙？」姊姊說：「儘管是這樣，可是我們也應該借些東西表示慶祝的意思。」就繡了「萱室長春」四個字送給她。

（注意）

一、這個「乃」字的位置，放在語句的中間或頭上。

二、這個「乃」字的用法和「則2」一樣，可以互相換用。例如：

用「乃」字——國乃富矣。

用「則」字——國則富矣。

用「則」字——飢則思食，渴則思飲。

用「乃」字——飢乃思食，渴乃思飲。

三、這個「乃」字的用法，和「而1」不同，因爲「而1」的位置，必須放在語句的中間，又要和上面的字不讀斷。

（練習）

一、弟弟要買玩具，沒有人陪他，我就陪他到街市上，買了一個汽球。

二、人必專於學，學乃有成；否則無成矣。

【乃（迺）】用法5

（解釋）　相當於語體的「你」或「你的」。

（用法舉例）

第一例（文）爾不知乃翁與我爲友耶？

（語）你不知道你的父親和我是朋友嗎？

第二例（文）願爾謹於事，毋瀆乃職。

（語）希望你小心在做事方面，不要輕忽你該做的事務。

第三例（文）乃兄何日南行，余將託其攜函致吾友也。

（語）你的哥哥那一天到南方去，我打算託他帶信給我的朋友呢。

（注意）

一、這個「乃」字的位置，放在語句的頭上或中間。

二、這個「乃」字的用法，和「而9」差不多，不過「乃」字不可以用在語句的末尾。

三、這個「乃」字，在現時文言文裏，都改用「爾」字「汝」字。

（練習）

一、你的弟弟年紀已經六歲了，還沒有進學校讀書嗎？

二、乃祖乃父，皆一鄉有碩望者。

【已】用法1

（解釋）相當於語體的「哪」或「了」。

（用法舉例）

第一例（文）其德弗可及已。

（語）他的德行不可以趕上了。

第二例（文）嗚呼！吾女生旣不知，而死又不及見，可哀也已！

（語）唉！我女孩生的時候旣然不知道，却是死的時候又來不及看見，好悲傷的哪！

第三例（文）吾生也有涯，而知也無涯；以有涯隨無涯，殆已！

（語）我的生命啊有窮盡，卻是願望啊沒有窮盡，拿有窮盡的生命去追逐無窮盡的願望，生命危險了！

（注意）

一、這個「已」字的位置，放在語句的末尾。

二、這個「已」字的用法，和「也7」「矣1」一樣。

（練習）

一、像張君這個人，可以說喜歡讀書的了。

二、結廬西湖上，四時景色，彌足娛情，願終老斯間，不復他適已。

【已】用法2

（解釋） 相當於語體的「完結」或「停」「停止」。

（用法舉例）

第一例（文）母猿爲獵人射死，猿子悲鳴不已。

（語）母猿被打獵的人射死了，小猿悲傷地叫個不停。

第二例（文）殺鼠如丘，棄之隱處，臭數月乃已。

（語）殺死的老鼠像個土墩，丟牠們在不向陽的地方，臭了幾個月纔完結。

第三例（文）楚狂接輿歌而過孔子曰：「鳳兮！鳳兮！何德之衰？往者不可諫，來者猶可追。已而！已而！今之從政者殆而！」

（語）楚國的狂人名叫接輿的，唱着歌走過孔子的門前說：「鳳呀！鳳呀！怎麼道德這樣不振作？過去忙忙碌碌的情形不必說，從今以後快快去隱居的事情還來得及趕上，停止罷！停止罷！現在辦理政事的人眞危險啊！」

（注意）這個「已」字的位置，在語句的頭上，中間和末尾都放得。

（練習）

一、天亮了，雞叫個不停。

二、斯速已矣，何待來年？

【已】用法3

（解釋） 相當於語體的「已經」或「太」。

（用法舉例）

第一例（文）瓶已碎矣，惜之何益。

（語）瓶已經打破了，痛惜牠有甚麼好處。

第二例（文）天尚未晚也，君已就寢，何哉？

（語）天還沒有夜啊，你已經睡覺，爲甚麼呢？

第三例（文）凡事宜留餘地，莫爲已甚。

（語）不論什麼事情應該留個退步，不要做得太厲害。

（注意）這個「已」字的位置，放在語句中間的頭上。

（練習）

一、他已經走了，你即使在後面趕他也來不及了。

二、已升堂矣，未入室也。

【已而】

（解釋）相當於語體的「後來」。

（用法舉例）

第一例（文）初頗喧鬧，已而寂然。

（語）開頭很熱鬧，後來很靜的樣子。

第二例（文）……已而夕陽欲墮，人影散亂；遊興既盡，爰賦同歸。因泚筆記之，以留紀念。

（語）……後來傍晚的太陽快要落山，遊人的影子散亂了；我們的遊玩興致已經完了，因此大家說一同回去。我就用筆蘸了墨來記牠，拿來留個紀念。

第三例（文）余與二三知己，在家溫習功課，先則討論算題，已而背誦英語，閱讀史地，約歷三小時，始各散歸。

（語）我和兩三個朋友，在家裡溫習功課，起初是研究算術題目，後來背誦英語，閱讀歷史，地理，大約經過三點鐘，方纔大家分散回去。

（注意）

一、這個「已而」的位置，放在語句的頭上；在這語句的上面下面，都要有別的語句。（在上文敘了許多話以後，也可以做一小節的開頭，像第二例就是。）

二、這個「已而」的用法，和「既而」一樣。

（練習）

一、開頭在山腳下遊玩，後來上山，在八角亭裏向四面遠望。

二、獨坐書室，悶損無聊；已而良友遠至，暢談頗歡。

四畫

【之】用法1

（解釋）相當於語體的「他」（或「牠」「她」「它」）

（用法舉例）

第一例（文）妹在樹下遊玩。兄謂之曰：「我為汝攝影，何如？」妹曰：「諾。」

（語）妹妹在樹下玩耍，哥哥對她說：「我替你照相，怎麼樣？」妹妹說：「好的。」

第二例（文）書之種類甚繁，除讀本外，若字典，若雜誌，若各種叢書，皆當購之，以資參考。

（語）書的種類很多，除了讀本以外，如字典，如雜誌，如各種叢書，都該買牠，拿來供給參考。

第三例（文）龍伯高敦厚周慎，口無擇言，謙約節儉，廉公有威。我愛之重之，願汝曹效之。

（語）龍伯高做人厚道謹慎，嘴裏不說假話，謙和節儉，廉潔，公正，有威儀。我喜歡他敬重他，希望你們倣效他。

（注意）這個「之」字的位置，必須放在語句的末尾，如果放在中間，必須和下面的字可斷也可連。

（練習）

一、姓汪的同學品行學行都很好，我敬重他。

二、徐君博學多能，人有不知之事，多往問之。

【之】用法2

（解釋）相當於語體的「的」。

（用法舉例）

第一例(文)以余之筆，易君之墨，可乎？

(語)拿我的筆，換你的墨，好嗎？

第二例(文)水陸草木之花，可愛者甚蕃。

(語)生在水裏、陸上的草木的花，可以使人愛的很多。

第三例(文)人告曾子母曰：「曾參殺人。」曾子之母曰：「吾子不殺人。」

(語)有個人告訴曾子母親說：「曾參殺死了人。」曾子的母親說：「我的兒子不會殺死人。」

(注意) 這個「之」字的位置，一定要放在語句的中間，不可用在語句的頭上或末尾。

(練習)

一、我在王先生那裏學得種漆的法子。

二、余夢爲國君，居人民之上，總一國之事。

【之】用法3

(解釋) 相當於語體的「這樣」。

(用法舉例)

第一例(文)王君之孝，非常人所能及也。

(語)王君這樣孝順，不是平常人能够及得到的。

第二例(文)大禹之聖，且惜寸陰；陶侃之賢，且惜分陰；況聖賢不若彼者乎？

(語)像大禹這樣人格高尚，尚且愛惜寸陰；像陶侃這樣德行好，尚且愛惜分陰；還要說人格道德不及他們的人嗎？

第三例(文)有婦人哭於墓者，哀；子路問之曰：「子之哭也，一似重有憂者。」

(語)有個婦人在墳墓旁邊哭的十分悲傷；子路問她說：「你這樣哭啊，好像是有很大的痛苦啊。」

(注意) 這個「之」字的位置，必須放在語句的中間，並且不可以讀斷。下面接着的字是動詞或形容詞。

(練習)

一、李君學問這樣好，不是我能夠及得到的。

二、君之愚，不可及也。

【之】用法4

(解釋) 相當於語體的「這」。

(用法舉例)

第一例(文)之子于歸，宜其室家。

(語)這人嫁到夫家去了，全家都很和順。

第二例(文)禮、義、廉、恥，之四者，國之四維也。

(語)禮、義、廉、恥、這四種道德，治國的四種綱要就是。

第三例(文)博愛，之謂仁；行而宜之，之謂義。

(語)普遍的愛，這叫做「仁」；行爲能夠合宜的，這叫做「義」。

(注意)這個「之」字的位置，必須放在語句的頭上。

和「此」字的用法相同。

(練習)

一、貪婪的心，忿恚的心，愚昧的心，這三種心，佛家叫牠做三毒。

二、孝、弟、忠、信，之四者，人之四德也。

【之】用法5

(解釋)相當於語體的「到」或「往」。

(用法舉例)

第一例(文)余居吳中，之滬則東行，之漢則西行。

(語)我住在蘇州，往上海就向東走，往漢口就向西走。

第二例(文)王君東裝，余問之曰：「君將何之？」王君曰：「余將之滬。」

(語)王君整理行李，我問他說：「你要往那裏去？」王君說：「我打算到上海去。」

第三例(文)滕文公爲世子，將之楚，過宋而要孟子。

（語）滕友公沒有接君位做世子的時候，要到楚國去，經過宋國來訪問孟子。

（注意）這個「之」字的位置，在語句的頭上，末尾，中間都可以放得。

（練習）

一、我問張君說：「往成都，那一條路最便利？」

二、余自滬之杭，遊覽三日。

【夫】用法1

（解釋）相當於語體的「說到」「論到」或「說到這……」「說到那……」或「我告訴你這……」「你聽我說這…………」

（用法舉例）

第一例（文）夫田之荒蕪，人不勤耕作故也。

（語）說到那田這樣荒廢，是人們沒有努力耕種的緣故。

第二例（文）夫天地之化，日新則不敝；故戶樞不蠹，流水不腐，誠不欲其常安也。

（語）說到天地的生化萬物，天天更新就不會壞；所以門軸不會蛀，流水不會臭，實在是不使牠常常安逸的緣故。

第三例（文）齊宣王見顏斶，曰：「斶前。」斶亦曰：「王前。」宣王不悅。左右曰：「王，人君也；斶，人臣也。王曰『斶前』，斶亦曰『王前』，可乎？」斶對曰：「夫斶前為慕勢，王前為趨士；與其使斶為慕勢，不如使王為趨士。」

（語）齊宣王接見顏斶，說：「斶，走過來！」顏斶也說：「王，走過來！」宣王不快樂。侍從的人說：「王，是君主，顏斶，是臣子。王說『斶走過來』，顏斶也說『王走過來』，可以嗎？」顏斶回答說：「說到我走到王的面前是愛慕權勢，王走到我的面前是敬重學者；與其使我做愛慕權勢的壞事，不如讓王得敬重學者的美名。」

（注意）

一、這個「夫」字的位置　放在語句的頭上。

二、這個「夫」字的用法，和「且夫」「今夫」一樣，大都可以換用。

（練習）

一、說到求學的方法，努力是第一。

二、夫天地生人之始，本無智愚善惡之分，人自爲之耳。

【夫】用法2

（解釋）相當於語體的「這個」或「那個」。

（用法舉例）

第一例（文）夫人，非生而愚蠢也，不學，故愚蠢矣。

（語）這個人，不是天生就愚笨的，不知道求學，所以愚笨了。

第二例（文）貧苦，人自爲之，何怨夫天哉？

（語）窮苦，人自己做成牠，爲甚麼怨恨那個天呢？

第三例（文）不見夫牛乎？能助人耕田；人苟無一技，豈能無愧於牛乎？

（語）不看見那個牛嗎？能够幫助人們耕田；人如果沒有一件本領，難道能够沒有慚愧對那牛嗎？

（注意）

一、這個「夫」字的位置，放在語句的中間，或頭上。如果用在語句的中間，和下面的字可以讀斷。

二、這個「夫」字的用法改用「彼」「此」二字也可以。

（練習）

一、這個魚，游泳在水裏，很快樂呢。

二、不見夫犬乎？尙有守門之能，何况人乎？

【夫】用法3

（解釋）相當於語體的「哪」或「罷」。

（用法舉例）

第一例（文）弭强國之欺，其必講求外交矣夫！

（語）消除强國的欺侮，那一定要講究外交的手段了罷！

第二例（文）鷸蚌相爭，同爲漁翁所捕，可慨也夫！

（語）鷸和蚌彼此都不肯讓，一起被漁翁捉住的，可以太息的罷！

第三例（文）母猿爲獵人射死，猿子悲鳴不已。噫夫！猿爲獸類，且知有母，况人也耶？

（語）母猿被打獵的人射死了，小猿悲傷地叫個不停。可歎哪！猿是獸類，尙且知道有母親，何况是人類嗎？

（注意）

一、這個「夫」字的位置，放在語句的末尾。

二、這個「夫」字的用法，和「乎5」可以通用。

（練習）

一、這人很聰明，竟然短命，好傷心哪！

二、率天下之人而禍仁義，必子之言夫！

【兮】

（解釋）相當於語體的「啊」或「呀」。

（用法舉例）

第一例（文）楚狂接輿歌而過孔子曰：「鳳兮！鳳兮！何德之衰？」

（語）楚國的狂人名叫接輿的，唱着歌走過孔子的門前說：「鳳呀！鳳呀！怎麼道德這樣的不振作？」

第二例（文）漁父歌曰：「滄浪之水淸兮，可以濯我纓；滄浪之水濁兮，可以濯我足。」

（語）漁父唱歌道：「滄浪的水淸啊，可以洗我的帽帶；滄浪的水濁啊，可以洗我的脚。」

第三例（文）徐人歌曰：「延陵季子兮不忘故，脫千金之劍兮帶丘墓。」

（語）徐國人唱歌道：「延陵季子啊眞是個不忘舊信用好的人，他解下珍貴的寶劍啊掛在舊友墳墓的樹上。」

（注意）這個「兮」字的位置，放在語句的末尾。

（練習）

一、霓做衣裳啊風做馬，遊在天空裏。

二、大風起兮雲飛揚，安得勇士兮守四方？

【云】用法1

（解釋），相當於語體的「呢」或「的」。

（用法舉例）

第一例（文）余將以斯意質諸有道之士云。

（語）我打算把這個意思去問懂道理的人

呢。

第二例（文）太史公曰：「余登箕山，其上蓋有許由冢云。」

（語）太史公說：「我走上箕山，牠的上面大約有個許由的高墳呢。」

第三例（文）三國時，曹丕限其弟植在七步中成一詩。植即吟「煑豆燃萁」一詩應之，其意蓋諷兄弟之不當不和云。

（語）三國時候，曹丕限他的弟弟曹植在走路七步裏做成一首詩。曹植就做「煑豆燃萁」一首詩回答他，他的意思大概譏刺兄弟的不該不和睦的。

（注意）

一、這個「云」字的位置，放在語句的末尾。

二、這個「云」字的用法，和「焉1」「也3」差不多。

（練習）

一、聽見他的話不看見那個人呢。

二、余將以此書就正於有識之士云。

【云】用法2

（解釋）相當於語體的「說」或「這樣說」「說這樣」。

（用法舉例）

第一例（文）古語云：「病從口入」。蓋食物不愼，易致疾病也。

（語）古話說：「病從口入」。因爲吃東西不小心，容易弄到害病的。

第二例（文）此事余無暇過問，固不悉原委，張君告我云爾。

（語）這件事我沒有閒空夫查問，本來不明白原來的底細情形，張君告訴我說這樣。

第三例（文）余嘗云：「酒能誤事」，君不信；今君經此大醉，當知余言非誣。

（語）我曾經說「酒能誤事」，你不信；現在你經過這次大醉，應該知道我的話不錯。

（注意）

一、這個「云」字的位置，放在語句的末尾或中間。

二、這個「云」字，如果用作引用「成語」，和「曰」字一樣。

三、這個「云」字，有疊用作「云云」的，等於「如是如是」的合併語，相當於語體的「這樣說這樣說」或「說這樣說這樣」。例如：

（文）吾欲云云。

（語）我要這樣說這樣說。

（練習）

一、父親說：「講究做人和在世上過日子的方法，最緊要的是一個『誠』字。」

二、詩云：「如切如磋，如琢如磨。」

【今夫】

（解釋）相當於語體的「現在說到」或「現在這……」。

（用法舉例）

第一例(文)今夫學問者，陶鑄人類之至寶也。
(語)現在說到學問這東西，造就人類的最貴重東西就是。

第二例(文)今夫奕之爲數，小數也，不專心致志，則不得也。
(語)現在說到着圍棋的當作一種技術，小技術就是；如果不專心那就沒有心得的。

第三例(文)仲永受之天，如此其賢，不受之人，且爲衆人；今夫不受之天，固衆人，又不受之人，得爲衆人而已耶？
(語)仲永天生的才能，像這樣好，因爲不曾受敎育，倘且變成平常人；現在這些不是天生的才能，本來是平常人，還不去受敎育，難道能够做個平常人罷了嗎？

(注意)
一、這個「今夫」的位置，放在語句的頭上，在這語句的下面，要有別的語句。
二、這個「今夫」的用法，和「夫1」差不多。

(練習)
一、現在說到兵是用來保護人民的，如果搶掠人民的金錢東西，那麼不及沒有兵倒是好呢。
二、今夫女子識字，平時不覺有利；及至閱讀家書，無須求人，斯時乃覺識字之便矣。

【不惟】

(解釋)相當於語體的「不只」「不單」或「不單是」。

(用法舉例)

第一例(文)此物，不惟品質優美，而且製法精良。
(語)這個東西，不單是品質好，並且造法也好。

第二例(文)從事敎育者不惟探討理論，倘宜注重實驗。
(語)担任敎育的人，不只研究理論，還要注重實驗。

第三例（文）酸汁，不惟可以止渴，且可助胃之消化。

（語）酸水，不單可以停止嘴裡要喝水的感覺，並且可幫助胃的消化。

（注意）

一、這個「不惟」的位置，放在語句的頭上，在這語句的上面或下面，要有別的語句。

二、這個「不惟」，可以改用「非惟」，又可以改「不但」「不特」「不第」「不獨」「不僅」「不徒」「非但」「非特」「非僅」「非徒」「非第」「非獨」等。

（練習）

一、這個地方，不單是汽車常常來來去去，並且輪船也一定要停靠。

二、聖人，不惟有才，兼有德。

五畫

【平】用法1

（解釋）相當於語體反問口氣的「嗎」或「呢」。

（用法舉例）

第一例（文）以余之筆，易君之墨，可乎？

（語）拿我的筆，換你的墨，好嗎？

第二例（文）陳堯咨善射。賣油翁見其發矢十中八九，但微頷之。堯咨問曰：「吾射不亦精乎？」翁曰：「無他，但手熟爾！」

（語）陳堯咨很會射箭。賣油翁看見他射箭十枝裏中了八九次，只是畧微點點頭。堯咨問道：「我射箭的本領不是也算得很好嗎？」賣油翁說：「沒有別種道理，只是手法很熟罷了！」

第三例（文）屈原曰：「吾聞之：新沐者必彈冠，新浴者必振衣：安能以身之察察受物之汶汶者乎？」

（語）屈原說：「我聽見過這樣：剛洗過頭髮的人一定要彈去帽子上的灰塵，剛浴過身體的人一定要拭去衣裳上的灰塵；怎麼可以拿潔白的身體接受骯髒的東西呢？」

（注意）這個「乎」字的位置，必須放在語句的末尾。

（練習）

一、學問好卻是品行不好，可以稱贊他是好學生嗎？

二、子曰：「學而時習之，不亦說（同悅）乎？」

【乎】用法2

（解釋）相當於語體疑惑口氣的「嗎」或「呢」。

（用法舉例）

第一例（文）君畢業後，升學乎？抑就業乎？

（語）你畢業以後，升學呢？還是去謀職業呢？

第二例（文）在此春假期中，宜南遊杭州乎？宜北遊揚州乎？請君為我決之。

（語）在這春假時期裡，應該南面去遊杭州嗎？應該北面去遊揚州嗎？請你替我決定牠。

第三例（文）孟子見梁惠王。王曰：「叟！不遠千里而來，亦將有以利吾國乎？」

（語）孟子去見梁惠王。梁惠王說：「老人家！不顧千里的遠路到我這裏來，也打算有甚麼計劃拿來增加我的國家的幸福嗎？

（注意）這個「乎」字的位置，必須放在語句的末尾。

（練習）

一、這許多玩具，你喜歡陀螺呢？還是喜歡喇叭呢？

二、請為我決之：升學於中山中學，與升學於模範中學，何者善乎？

【乎】用法3

(解釋) 相當於語體的「在」。

(用法舉例)

第一例(文)張君輕財好施，盡力乎慈善事業。

(語)張君看輕錢財，喜歡布施，儘量用他的力在慈善事業方面。

第二例(文)習於善則善，習於惡則惡，故吾人求學貴乎愼其始。

(語)常常學那好的就會好，常常學那壞的就會壞，所以我們求學，着重在牠的開頭要小心。

第三例(文)莫春者，春服既成，冠者五六人，童子六七人，浴乎沂，風乎舞雩，詠而歸。

(語)在夏曆三月的時候，單衣夾衣已經製成，和廿歲以外的成人五六個，廿歲以內的少年六七個，洗浴在沂水裏，乘涼在求雨壇上，吟吟詩然後高興地回來。

(注意) 這個「乎」字的位置，必須放在語句的中間。

(練習)

一、我和同學幾個人，一同遊玩在河邊。

二、余乘飛機，上升乎天空。

【乎】用法4

(解釋) 相當於語體的「那」

(用法舉例)

第一例(文)治生之道，莫尙乎勤。

(語)謀生的道理，沒有比那「勤」字再重要。

第二例(文)求學能專，修德能勤，何患乎不成器！

(語)讀書能夠專心，修德能夠努力，爲甚麼憂愁那不成功有用的人才！

第三例(文)噫！菊之愛，陶後鮮有聞。蓮之愛，同予者何人？牡丹之愛，宜乎衆矣！

(語)唉！愛菊花的，陶淵明以後，少聽見了。愛蓮花的，和我一樣的有誰呢？愛牡丹花的，莫怪那多了！

（注意） 這個「乎」字的位置，必須放在語句的中間。

（練習）

一、教育沒有普及，莫怪那文盲這樣多哪。

二、隨寒暖而更衣，量飢飽而節食，何患乎疾病之來侵！

【乎】用法5

（解釋） 相當於語體的「罷」。

（用法舉例）

第一例（文）教育不發達，一國之人才，將無昌盛之日乎？

（語）教育不發達，全國的人才，恐怕沒有興旺的日子罷？

第二例（文）君既自慚才能不如人，其惟力學乎？

（語）你既然自已羞着才能不及別人，那只有努力求學罷？

第三例（文）賈人覆舟，急號曰：「誰能救我，予以百

金。」漁者救之，則予十金。漁者曰：「向許百金而今予十金，無乃不可乎？」

（語）商人翻了船，着急地喊道：「誰能够救我，拿一百兩銀子給他。」捉魚的人救了他，他就給十兩銀子，捉魚的人說：「剛纔你約定一百兩銀子，現在卻是給十兩銀子，恐怕不可以罷？」

（注意） 這個「乎」字的位置，必須放在語句的末尾。

（練習）

一、這個人結交朋友不小心，恐怕要墮落罷？

二、終日奔波，無乃太勞乎？

【乎】用法6

（解釋） 相當於語體的「呀」。

（用法舉例）

第一例（文）時乎！時乎！不再來。

（語）時光呀！時光呀！去了不會再來。

第二例(文)子曰：「參乎！吾道一以貫之。」
(語)孔子說：「曾參呀！我倡導的做人的道理，是一條道理貫通萬種事物的。」
第三例(文)魚乎，魚乎！細鉤密網，吾不得禁之於彼；炮燔咀嚼，吾得免爾於此。
(語)魚呀，魚呀！細的鉤，密的網，我不能够在別地方禁止牠不用；烹羹咬嚼，我能够在這裏使你免受苦惱。
(注意)這個「乎」字的位置，多數在語句的末尾，(也有在語句的中間的)下面一定要接上別的語句。
(練習)
一、牛呀！你一天到晚耕田，不覺得辛苦嗎？
二、浩浩乎！一平沙無垠之廣場也。

【以】用法1

(解釋) 相當於語體的「用」或「拿」或「把」。
(用法舉例)

第一例(文)父以信二封，令兒送至郵局。
(語)爸爸拿信兩封，叫兒子送到郵局裡去。
第二例(文)任伐一木，施以人工，即可合用。
(語)隨便砍下一棵樹，用人工設置牠，就可以合用。
第三例(文)王君自市歸，其子迎於門外。王君曰：「來！茲有梨十枚，汝試分與家人，能適均乎？」其子數梨，略加思索，即以九枚作三份，曰：「此一份奉父，此一份奉母，此一份我自得。餘一枚可與傭婦。」
(語)王君從市街上回來，他的兒子迎接在門外。王君說：「來！現在有梨十隻，你試試看分給家裏人，能够平均嗎？」他的兒子點一點梨的數目，畧微想一下，就把九隻梨分做三份。說：「這一份給父親，這一份給母親，這一份我自已拿。剩下一隻，可以給女用人吃。」

（注意）

一、這個「以」字的位置，必須放在語句的頭上或中間，不能放在末尾。

二、像「第二例」是倒裝法。如果不倒裝，就像下面的樣式：

（文）任伐一木，以人工施之，即可合用。

（語）隨便砍下一棵樹，用人工設置牠，就可以合用。

（練習）

一、蒼蠅是害蟲，能夠把病菌延開來，實在是人類的仇敵。

二、以辛勞所得之錢，任意浪費，怎麼不弄到窮困呢？

【以】用法2

（解釋）相當於語體的「拿來」。

（用法舉例）

第一例（文）一生詢於衆曰：「我欲購課外讀物，且

須新出版者，君等如知其名，請以告我。」

（語）一個學生問那許多同學說：「我要買課外讀物，並且要新出版的，你們如果知道牠的名稱，請拿來告訴我。」

第二例（文）陶侃居官無事，輒朝運百甓於齋外，暮運之於齋內，以習勤勞。

（語）陶侃做官時候，閒空着沒有事做，他就常常在早上把一百塊甎頭搬在屋外，到了晚上又把牠搬在屋裏，拿來練習勤勞。

第三例（文）遠方客至，與父敘談。兒侍父旁，聞客語，大半不解。客去，以問父，父曰：「客所言，國語是也。」

（語）遠地方的客人到我家裏來，和父親聚會談話。孩子陪着在父親的旁邊，聽見客人說話。大半不懂。客人走了，拿來問父親。父親說：「客人說的，就是國

語。」

（注意）這個「以」字的位置，和「以1」一樣。

（練習）

一、我把父親講給我聽的一段故事，記在日記裏。

二、兒見一獸，體高毛厚，背有兩峯，非驢非馬，不知何名，以問鄰人。鄰人曰：「此名駝駱。」

【以】用法3

（解釋）相當於語體的「因爲」。

（用法舉例）

第一例（文）晏子使楚，楚人以晏子短，爲小門于大門之側而延晏子。

（語）晏子出使到楚國去，楚國人因爲晏子身材矮小，開了一扇小門在大門的旁邊，就請晏子從小門裏進去。

第二例（文）王、陸二生，同在一校，甚爲相得。後王生遷居他處，陸生念之，以路遠，無從親訪，乃作書投郵，詢問近況。

（語）姓王和姓陸的兩個學生，同在一個學校裏，彼此很是合意。後來姓王的學生搬到別地方去居住，姓陸的學生想念他，因爲路遠沒有親自去訪問的機會，就寫了信丟在郵局裏，問問近來的情形。

第三例（文）余家畜一貓，以其未馴也，繫維以伺，候其馴焉；既而以其馴也，進解其維繫。

（語）我家裏飼養一隻貓，因爲牠性情沒有順從啊，用繩子縛起來暗中觀察觀察，等候牠性情順從呢；後來因爲牠性情順從啊，就解除牠縛着的繩子。

（注意）這個「以」字的位置，和「以1」一樣。

（練習）

一、我回到本鄉，坐船卻是不坐車，因爲船的費用比車的費用便宜的緣故。

二、本擬趨賀，以事不克前來，至爲抱歉。

【以】用法4

（辭釋）相當於語體的「直到」。

（用法舉例）

第一例（文）古代君主，自黃帝以後，有唐堯，有虞舜。

（語）古時候的君主，從黃帝直到後頭，有唐堯，有虞舜。

第二例（文）自吾鄉以南，有太湖；自吾鄉以北，有東山。

（語）從我鄉直到南面，有個太湖；從我鄉直到北面，有個東山。

第三例（文）在寧夏省境，黃河自中衞以下，經寧夏、平羅到石嘴子一段，水流甚緩，航行極易。

（語）在寧夏省地界，黃河從中衞直到下頭，經過寧夏、平羅到石嘴子的一段路，水的流動很慢，船隻往來十分便利。

（注意）

一、這個「以」字的位置，和「以1」一樣。

二、這個「以」字的用法，如果遇到下文接着的是實在的事物，就不能單用「以」字，要用「以至」二字。例如：

（文）自黃帝以至唐堯。

（語）從黃帝直到唐堯。

（文）黃河自中衞以至石嘴子一段。

（語）黃河從中衞直到石嘴子一段。

（文）自吾鄉以至太湖。

（語）從我鄉直到太湖。

三、這個「以」字的用法，在語句的開頭有個介詞，和「以5」不同。

（練習）

一、從蘇州直到東面，可以到上海。

二、淮河自正陽關以下，可通小汽船。

【以】用法5

（解釋）相當於語體的「在……的……」。

（用法舉例）

第一例（文）宋代以前爲唐代，宋代以後爲元代。

（語）在宋朝的前頭是唐朝，在宋朝的後頭是元朝。

第二例（文）牆以內，有菊圃；牆以外，有小池。

（語）在牆的裏頭，有種菊花的園子；在牆的外面，有小的池子。

第三例（文）某報社於某年夏季 ，向讀者勸募貸學金，在一個月中，收欵一百萬元以上。

（語）某報館在某年的夏天，向閱報的人徵求貸學金，在一個月裏頭，收到欵子在一百萬元的上頭。

（注意）

一、這個「以」字的位置，和「以1」一樣。

二、這個「以」字的用法，在語句開頭沒有介詞，和「以4」不同。

（練習）

一、在小學的上頭，有中學；在中學上頭，有大學。

二、冬季以前爲秋季，冬季以後爲春季。

【以】用法6

（解釋）相當於語體的「原因」。

（用法舉例）

第一例（文）王君向不請假，今日缺課，必有以也。

（語）王君素來不請假，今天缺課，一定有原因呢。

第二例（文）浮生若夢，爲歡幾何；古人秉燭夜遊，良有以也

（語）浮沈不定的人生像做夢一般，尋快樂能有多少時候；古時候的人拿着蠟燭趁着夜裏遊玩，確實有原因呢。

第三例（文）兒自校歸午膳，見盤中皆素蔬，問母曰：「何以無魚肉？」母曰：「嘉肴美饌，祇可偶然食之，家常食物，不過如是。且今生計艱難，百物騰貴，家用支持，已極不易，何可貪口腹乎？古人云：『粗茶淡飯飽卽休』，良有以也。」

（語）孩子從學校裏回來吃午飯，看見碗裏都是素菜，問母親說：「怎麼沒有魚肉？」母親說：「好的葷菜，好的食品，只可以偶然吃牠，平常吃的東西，不過像這樣。並且現在生活上的打算不容易，許多東西價錢漲起來，家庭的費用勉力維持，已經很不容易，怎麼可以貪吃喝呢？古時候的人說：『粗茶淡飯，吃飽就好了』，確實有原因呢。」

（注意）這個「以」字的位置，放在語句的中間。

（練習）

一、張君的信用素來出名，今天忽然失約，一定有原因呢。

二、儉可持久，古人云：「細水長流，」良有以也。

【以爲】

（解釋）相當於語體的「當做」或「覺得」。

（用法舉例）

第一例（文）張生述習字之法甚詳。述畢，師領首，以爲然。

（語）姓張的學生陳說練字的方法很詳細。陳說完了，教師點點頭，覺得不錯。

第二例（文）或告井底蛙曰：「天之大，無所不包。」蛙不信，以爲妄。

（語）有人告訴井底蛙說：「天的大，沒有地方不包括在內。」井底蛙不信，當做胡說。

第三例（文）有畜豕者，生一小豕，其頭獨白。其人誇示鄰人，以爲奇貨。

(語)有個養豬的人，生了一隻小豬，牠的頭
卻是白的，那個人自已稱讚着給鄰居人
看，當做奇怪東西。

(注意) 這個「以爲」的位置，放在語句的頭上或中
間，在這語句上面，要有別的語句。

(練習)

一、信奉佛的人，覺得人的災殃幸福，都掌握在佛
手裏。

二、王兒見一蟲，振翅作響，不由口出，大以爲奇。

【且】用法1

(解釋) 相當於語體的「並且」或「又」。

(用法舉例)

第一例(文)吾人按日閱報，既增知識且廣見聞，何
樂而不爲！

(語)我們每天看報，既然增加知識，並且擴
大見聞，有什麽別的快樂事，卻是不做！

第二例(文)子曰：「……不義而富且貴，於我如浮
雲。」

(語)孔子說：「……做不該做的事卻是得到
財產多並且官位高，在我看來好像空中
飛着的雲一般。」

第三例(文)一飯十金，一衣百金，一室千金，奈何
不至貧且匱也！

(語)一餐飯用去十兩銀子，一件衣用去一百
兩銀子，一間屋用去一千兩銀子，怎麽
樣不弄到窮苦又缺乏的地步哪！

(注意) 這個「且」字的位置，放在語句的中間或頭
上。在這「且」字的上下文，意思是平列的。

(練習)

一、他的兒子在中學畢業了，並且他的女兒也已經
長大了。

二、既下雨，且降雪，天寒矣。

【且】用法2

(解釋) 相當於語體的「再說」。

(用法舉例)

第一例(文)烟爲嗜好品，吸者日耗金錢；且烟中含有毒質，吸之傷腦，於身體亦屬無益。

(語)烟是嗜好品，吸的人天天消費金錢；再說烟裏面含有毒質，吸了牠損傷腦筋，在身體方面也是沒有好處。

第二例(文)星期有暇，宜遊田園，可以怡神，可以養性；且採集動植物作標本，又可供自然科研究之用。

(語)星期日有空閒的時候，應當到田裏園子裏去逛逛，可以快樂精神，可以涵養性情；再說採集動物植物做標本，又可以供給自然科究研的用途。

第三例(文)愚公年九十，欲移山。其妻獻疑曰：「以君之力，曾不能損魁父之丘；且焉置土石。」

(語)愚公年紀九十歲，想鏟平高山。他的妻表示懷疑說：「用你的力氣，簡直不能够損傷魁父小山上的一堆泥土；再說那裏去安放泥土和石塊。」

(注意)

一、這個「且」字的位置 放在語句的頭上。在「且」字的上下文，有兩層意思平列着。

二、這個「且」字的用法，在語體也可以說做「再說一層」或「並且」。

(練習)

一、過分喜歡喝酒的人，天天消費他的錢；再說喝牠既然長久了，又一定要損壞胃、損壞腦筋。

二、沐浴不勤則身體不潔；且毛孔爲汗垢所阻塞，尤易致病。

【且】用法3

(解釋) 相當於語體的「尚且」或「還」。

（用法舉例）

第一例（文）學優者余且愛之，況品學兼優者乎？

（語）學問好的人我尙且愛他，何況品行學問都好的人嗎？

第二例（文）彼飽食而暖衣，且以爲不幸，誠不知足之甚矣。

（語）他吃飽又穿暖，還覺得沒有幸福，眞是心裏不知道滿足到極點了。

第三例（文）物與物相殘，人且惡之；乃有憑權位，強爪牙殘民以自肥者，何也？

（語）動物和動物彼此傷害，人們尙且恨牠；卻是世界上有種仗着權勢地位，顯示威力，傷害百姓拿來富足自己的人，是甚麼緣故？

（注意）

一、這個「且」字的位置，放在語句的中間或頭上。在這語句的上下都要有別的語句。

二、這個「且」字的用法，和「猶」「尙」一樣，都可以換用。

（練習）

一、正當的偵探小說我尙且不讀，還要說不正當的言情小說嗎？

二、余與君相處多年，君且疑我作此不法之事，況不知我者乎？

【且】用法4

（解釋）相當於語體的「暫時」或「暫且」或「姑且」。

（用法舉例）

第一例（文）且論大者，莫談小者。

（語）姑且討論大的事情，不談小的事情。

第二例（文）今且恕爾無罪，以後切莫再犯。

（語）今天暫時原諒你沒有過惡，以後一定不要再做違背規則的事情。

第三例（文）此事固宜從速進行，適以病不能與，且俟數日，再謀進行，何如？

(語)這件事情本來應該趕快辦理，恰巧因爲害着病不能夠起身，暫且等候幾天，再打算辦理，怎麼樣？

(注意) 這個「且」字的位置，放在語句的頭上或中間。

(練習)

一、我不會演說，姑且試一次，請你不要戲笑。

二、莫說「且待明日」，勢必因循坐誤。

【且】用法5

(解釋)相當於語體的「快要」或「就要」。

(用法舉例)

第一例(文)病且愈，何必就醫。

(語)病就要好了，爲什麼定要去醫治。

第二例(文)北山愚公者，年且九十。

(語)北山地方愚公這個人，年紀快要九十歲了。

第三例(文)彼入高級中學已二年有半，且畢業，輟學殊可惜也。

(語)他進高級中學已經兩年又半，快要畢業了，停學實在是可惜的。

(注意)

一、這個「且」字的位置，放在語句的頭上或中間。

二、這個「且」字有時相當於語體的「就要」，但是和「則3」不同，不能換用「則」字。

(練習)

一、天快要冷了，你還不做棉衣裳嗎？

二、余且赴會，此時無暇與君商談矣。

【且夫】

(解釋)相當於語體的「說到」「論到」或「說到這……」「說到那……」。

(用法舉例)

第一例(文)且夫優勝劣敗者，世界之公例也。

(語)說到「優勝劣敗」這句話，世界上的公例就是。

第二例(文)且夫名之爲說，可以動天下之智者，而不可以警天下之愚人。

(語)說到那「名」的做成一種言論，可以引動世界上的聰明的人，却是不能提醒世界上的笨人。

第三例(文)且夫天地之化，日新則不敝；故戶樞不蠹，流水不腐，誠不欲其常安也。

(語)說到天地的生化萬物，天天更新就不會壞；所以門軸不會蛀，流水不會臭，實在是不使牠常常安逸的緣故。

(注意)

一、這個「且夫」的位置，放在語句的頭上，在這語句的下面，要有別的語句。

二、這個「且夫」的用法，和「夫1」字一樣。

(練習)

一、說到研究學問的方法，勤是第一。

二、且夫弱肉强食者，國際之大勢也。

【且……且……】

(解釋)相當於語體的「一邊……一邊……」或「一面……一面……」。

(用法舉例)

第一例(文)一日，余偕同學張君遊於公園之中，且行且語。

(語)有一天，我和姓張的同學遊在公園的裏面，一邊走一邊談話。

第二例(文)東蟻與西蟻戰，西蟻伏尸滿階，且戰且卻。

(語)東面一羣螞蟻和西面一羣螞蟻打仗，西面的螞蟻屍體倒滿在階石邊，一面打仗，一面退卻。

第三例（文）蝗既解飛，夜必赴火。夜中設火，火邊掘坑，且焚且瘞，除之可盡。

（語）蝗蟲既然會飛，夜裡一定近火光。人在夜裏點了火，火邊掘個坑，一邊燒一邊埋，蝗蟲就可以滅完。

（注意）這個「且……且……」的位置，放在語句的中間或末尾。在這語句的上面，要有別的語句。

（練習）

一、姓王的學生在燈光下面自修，一邊看書一邊鈔寫，樣子很忙碌。

二、二人對坐，且問且答，余在旁爲了記錄。

【由是】

（解釋）相當於語體的「從此」「因此」或「照這樣」。

（用法舉例）

第一例（文）人不殺鳥，鳥自近人；由是觀之，人欲求鳥之近人，當以殺鳥爲戒。

（語）人不弄死鳥，鳥自然會接近人；照這樣看來，人們要希望鳥的接近人，應該拿弄死鳥的一件事做禁條。

第二例（文）某氏酷愛鼠，其家倉廩庖廚，悉以恣鼠不問；由是鼠相告，皆來某氏，飽食而無禍。

（語）某人十分愛老鼠，他家裏的米倉廚房，都拿來聽憑老鼠去吃不管理；從此老鼠彼此通知，都到某人家裏，有機會吃飽卻是沒有災殃。

第三例（文）天氣炎熱，人每赤體露宿，成行走烈日之下，渴則飲不潔之水，由是有中暑、霍亂之病。

（語）天氣很熱，人們往往赤着身體露天睡覺，有的走在很熱的太陽光下，嘴裏覺得渴就喝不清潔的水，因此有中暑、霍亂的病發生了。

(注意)
一、這個「由是」的位置，放在語句的頭上或中間，在這語句的上面，要有別的語句。
二、這個「由是」的用法，和「於是」差不多，可以換用。
三、這個「由是」，改作「由此」也可以。
(練習)
一、熟讀了歷史，從此可以明白古時候和現在的大事。
二、萬國互市，由是有通商之條約。

六畫

【而】用法1

(解釋) 相當於語體的「就」。
(用法舉例)
第一例(文)甲乙二生皆喜購書，凡甲購一種，乙必從而購之。
(語)甲乙兩個學生都喜歡買書，凡是甲買了一種，乙一定跟着就買牠。
第二例(文)漁父莞爾而笑，鼓枻而去，
(語)漁父微笑的樣子就笑了一笑，划着槳就把船划開去。
第三例(文)有人於此，初習木工，未幾而改習金工，又未幾而改習製革之工，如是可以成良工乎？不能也。
(語)有個人在這兒，開頭學習木工，不多時就改換了去學習金工，又不多時就改換了去學習製革的工，像這樣可以做成好的工人嗎？一定是不能的。
(注意)這個「而」字的位置，必須放在語句的中間，同上一字不能讀斷。
(練習)
一、我沒有得罪你，你一生氣就跑開了，在道理上講得通嗎？

二、不勞而獲者，社會之蠢賊也。

【而】用法2

（解釋）相當於語體的「自然」或「那就」或「這纔」。

（用法舉例）

第一例（文）雨水足而草木滋榮。

（語）雨水充足，自然草木生長茂盛。

第二例（文）慾寡而神爽；思多而氣衰。

（語）嗜好的心少，這纔精神爽快；思索多，那就體氣衰弱。

第三例（文）昔者，禹抑洪水而天下平，周公兼夷狄驅猛獸而百姓寧，孔子成春秋而亂臣賊子懼。

（語）從前的時候，大禹遏止了洪水這纔天下平定，周公兼併了夷狄，驅逐了猛獸這纔百姓安寧，孔子做成了春秋這纔一班亂臣賊子知道了怕懼。

（注意）這個「而」字的位置，必須放在語句的中間。就語意方面講，「而」字的上文是因，「而」字的下文是果。

（練習）

一、學問做好了那就名聲表顯。

二、雲起而風來，雨過而天青。

【而】用法3

（解釋）相當於語體的「如果」。

（用法舉例）

第一例（文）人而不學，何由得知識。

（語）人如果不求學，從那裏得到知識。

第二例（文）言而無信，不可以爲人。

（語）說話如果沒有信用，不可以做人。

第三例（文）子曰：「學而不思則罔；思而不學則殆。」

(語)孔子說：「求學問如果不用心想，就要茫然得不到眞理；只管用心想如果不去求學問，就要精神疲倦。」

(注意)這個「而」字的位置，必須放在語句的中間，下文還要緊接着另外一個語句。

(練習)

一、人如果沒有禮貌，怎麼能夠在世上過日子。

二、過而能改，善莫大焉。

【而】用法4

(解釋)相當於語體的「卻是」或「可是」。

(用法舉例)

第一例(文)蓮，花中之君子，可遠觀而不可褻玩焉。

(語)蓮花是花裏的君子，可以遠看卻是不可以玩弄它。

第二例(文)虎用力而不用智，力之用一，智之用百，以一敵百，雖猛不能勝；故人之爲虎食者，有智而不能用也。

(語)老虎會用力氣，卻不會用智慧。力氣的功效譬如是一，智慧的功效就是一百，拿一來抵當一百，儘管兇猛，不能得到勝利；所以人給老虎吃掉爲甚麼緣故呢，是有了智慧卻是不能利用的緣故。

第三例(文)賈人覆舟，急號曰：「誰能救我，予以百金。」漁者救之，則予十金。漁者曰：「向許百金而今予十金，無乃不可乎？」

(語)商人翻了船，着急地喊道：「誰能夠救我，拿一百兩銀子給他。」捉魚的人救了他，他就給十兩銀子。捉魚的人說：「剛纔你約定給一百兩銀子，可是現在給十兩銀子，恐怕不可以罷？」

(注意)

一、這個「而」字的位置，放在語句的中間，和上面的字可以讀斷。就語意方面講，在「則」字的上下，意思是相反的。

二、這個「而」字的用法，和「則4」的位置不同，請看下面的例子。

而——可遠觀，而不可褻玩。（和上面的字可以讀斷，下同。）

則——可遠觀，褻玩則不可。（和上面的字不能讀斷，下同。）

而——虎用力，而不用智。

則——虎用力，智則不用。

而——有智，而不能用。

則——有智，用則不能。

而——向許百金，而今予十金。

則——向許百金，今則予十金。

（練習）

一、狗會看管門戶，卻是不會揹着重的東西。

二、可以意會，而不可以言傳。

【而】用法5

（解釋）　相當於語體的「來」或「拿來」，「去」或「拿去」。

（用法舉例）

第一例（文）鑿井而飲，耕田而食。

（語）掘了井拿來喝水，種了田拿來吃東西。

第二例（文）賃屋而居，設肆而賈。

（語）租了房子去住，開了店來做買賣。

第三例（文）子貢曰：「有美玉於斯，韞匵而藏諸？求善賈而沽諸？」子曰：「沽之哉！沽之哉！我待賈者也。」

（語）子貢說：「有一塊美玉在這裏，藏放在匣子裡拿去收藏牠呢？還是等着高的價錢拿去賣掉牠呢？」孔子說：「賣掉牠哪！賣掉牠哪！不過我要等着合格價錢的呢。」

（注意）這個「而」字的位置，放在語句的中間，和上面的字可以讀斷。

（練習）

一、有塊璧玉在這裏，放在匣子裏拿去收藏牠。

二、古者易子而敎之。

【而】用法6

（解釋）相當於語體的「到」。

（用法舉例）

第一例（文）由近而遠，由小而大。

（語）從近的到遠的，從小的到大的。

第二例（文）孟子見梁惠王。王曰：「叟！不遠千里而來，亦將有以利吾國乎？」

（語）孟子去見梁惠王。梁惠王說：「老人家！你不顧千里的遠路到我這裏來，也打算有甚麼計畫拿來增加我的國家的利益嗎？」

第三例（文）文天祥被害，死後其衣帶中贊曰：「孔曰『成仁』，孟曰『取義』，惟其義盡，是以仁至。讀聖賢書，所學何事？而今而後，庶幾無愧。」

（語）文天祥被殺，死後他的衣帶裏有自贊的文字說：「孔子說『成仁』，孟子說『取義』，只爲義已盡了，因此達到了仁。讀了聖賢書，學的是甚麼事情？從過去到現在，再從現在到將來，差不多可以沒有甚麼對不住了。」

（注意）這個「而」字的位置，放在語句的頭上或中間。如果放在中間，和上文的字要可以讀斷。

（練習）

一、從東邊到西邊，闊三丈；從南邊到北邊　長四丈。

二、由京而滬，若乘汽車，數小時卽可到達。

【而】用法7

（解釋） 相當於語體的「又」或「並且」。

（用法舉例）

第一例（文）學優而品端，人必稱之。

（語）學問好並且人格正直，別人一定也稱贊他。

第二例（文）有畫蛇而添足者，其友曰：「蛇固無足，君安能爲之足？」

（語）有個畫了蛇又添畫脚的人，他的朋友說：「蛇本來沒有脚，你怎麼可以替牠畫起脚來？」

第三例（文）燕客遊於吳市，聞吳中有小木匠者，意必童稚而能藝者也；覩其人，則睅而皤，于思而斑白。怪而問於彭子。

（語）燕地的客人在吳地的市街上逛，聽得吳地有名叫「小木匠」這個人，心裏想一定是年紀輕並且技藝精的人哪；等到看見那個人，卻是眼睛突出並且肚子凸起，鬍鬚很多並且頭髮花白。心裏奇怪就去問彭先生那裏。

（注意）這個「而」字的位置，必須放在語句的中間。就語意方面講，在「而」字上下文的意思是平列的。

（練習）

一、這座山，高又險；這條河，深又闊。

二、楚子曰：「晉公子廣而儉，文而有禮；其從者肅而寬，忠而能力。」

【而】用法8

（解釋）相當於語體的「能够」。

（用法舉例）

第一例（文）俄而家果失火，鄰里共救之，幸而得息。

（語）不多時家裏果然着火，鄰近的人一同來救牠，想不到能够救熄。

第二例（文）子貢曰：「貧而無諂，富而無驕，何如？」子曰：「可也，未若貧而樂，富而好禮者也。」

（語）子貢說：「窮了能够不低聲下氣陪着笑臉去奉承別人，富了能够不裝着架子去對付別人，怎麼樣呢？」孔子說：「好是好的，還不及窮了能够自找快樂，富了能够件件事守規矩的哪。」

第三例（文）楚王使二大夫聘莊子。莊子曰：「吾聞楚有神龜，死已三千歲矣；王巾笥而藏之廟堂之上。此龜者，寧其死爲留骨而貴乎？寧其生而曳尾塗中乎？」二大夫曰：「寧生而曳尾塗中。」

（語）楚王派了兩個大夫去聘請莊子。莊子說：「我聽見楚國有個神龜，死了已經三千餘年了；楚王把牠的骨頭裝在竹箱裏，用布包好，去藏牠在王宮前殿的上面。你們想：這個龜，牠情願死了有人替牠保存骨頭纔顯得尊貴呢？牠還是情願活着能够在泥土裏拖着尾巴爬呢？」兩個大夫說：「情願活着能够在泥土裡拖着尾巴爬。」

（注意）

一、這個「而」字的位置，必須放在語句的中間。

二、這個「而」字的用法，凡是文章裡用「而能」的地方，都可以適用。

（練習）

一、如果讀書能够用心，成績一定很好。

二、臨危難而不懼，勇士也。

【而】用法9

（解釋）相當於語體的「你」或「你的」。

（用法舉例）

第一例（文）苟無而大姊教而，而何能成人。

（語）如果沒有你的大姊教你，你怎麼能夠成個人？

第二例（文）桀溺曰：「……且而與其從『避人之士』也，豈若從『避世之士』哉？」

（語）桀溺說：「……再說一層：你與其跟從像孔子那樣『知道某國的人不好就避開的人』啊，不如跟從像我這種『只管種田不預聞世事的人』呢？」

第三例（文）漢王曰：「吾與項羽俱北面受命懷王，曰：約爲兄弟。吾翁卽若翁，必欲烹而翁，則幸分我一杯羹。」

（語）漢王說：「我和項羽一同面對着北受懷王的命令，說約做兄弟。我的父親就是你的父親，你一定要燒煑你的父親，那就希望你分給我一杯湯。」

（注意）

一、這個「而」字的位置，在語句的頭上、中間、末尾，都可以放得。

二、這個「而」字，在現時文言文裏，都改用「爾」字「汝」字。

（練習）

一、你別忘你的祖父你的父親教養你的恩惠。

二、余知而無罪也。

【而】用法10

（解釋）相當於語體的「啊」或「罷」。

（用法舉例）

第一例（文）俟我於著乎而。（詩經齊風著）

（語）等着我在屏門裏啊。

第二例（文）鬼猶求食，若敖氏之鬼，不其餒而！（春秋時候楚國令尹子文的話）

（語）鬼還要吃東西，若敖氏的鬼，不是要餓死罷！

第三例（文）楚狂接輿歌而過孔子曰：「鳳兮！鳳兮！何德之衰！往者不可諫，來者猶可追。已而！已而！今之從政者殆而！」孔子下，欲與之言。趨而避之，不得與之言。

（語）楚國的狂人名叫接輿的，唱着歌走過孔子的門前說：「鳳呀！鳳呀！怎麽道德這樣不振作？過去忙忙碌碌的情形不必說，從今以後快快去隱居的事情還來得及趕上。休息罷！休息罷！現在辦理政事的人眞危險啊！」孔子聽了走出門來，要想和他談談。接輿很快的走就避開孔子。孔子不能够和他談話。

（注意）

一、這個「而」字的位置，必須放在語句的末尾。

二、這個「而」字，在現時文言文中，已不多見。

（練習）

一、現在趁某種機會買賣某種貨物來賺錢的人眞危險啊。

二、已而已而，何說之有！

【而已】

（解釋）相當於語體的「罷了」。

（用法舉例）

第一例（文）人之所以異於禽獸者，智與德而已。

（語）人的不同那禽獸的地方，聰明和道德罷了。

第二例（文）作文之法無他，「眞實」「明確」而已。

（語）作文的方法沒有別的道理，做到「眞實」「明確」就罷了。

第三例（文）仲永受之天，如此其賢，不受之人，且爲衆人；今夫不受之天，固衆人，又不受之人，得爲衆人而已耶？

（語）仲永天生的才能，像這樣好，因爲不曾受教育，尚且變成平常人；現在這些不是天生的才能，本來是平常人，還不去受教育，難道能够做個平常人罷了嗎？

（注意）

一、這個「而已」的位置，放在語句的末尾或中間。

二、這個「而已」的用法和「耳」字差不多；凡是放在語句末尾的「而已」，可以改用「耳」。

（練習）

一、最使人煩惱的，害病罷了。

二、何謂名士，其才學足以名世而已。

【安】用法1

（解釋）相當於語體的「怎麼」或「那裏」。

（用法舉例）

第一例（文）光陰一去不復來，人安可一息不讀書，一息不進德？

（語）時光過去了不會再來，人們怎麼可以一刻兒不讀書，一刻兒不進德？

第二例（文）惠子曰：「子非魚，安知魚之樂？」莊子曰：「子非我，安知有不知魚之樂？」

（語）惠子說：「你不是魚，怎麼知道魚的快樂？」莊子說：「你不是我，怎麼知道我不知魚的快樂？」

第三例（文）若齒有損，食物未經充分之咀嚼，雖有極強之胃力，安能消此不碎不爛之物以滋補其身乎？

（語）如果牙齒有了損壞，食品沒有經過充分的咬嚼，儘管有很強的胃力，那裏能够消化這沒有碎沒有爛的東西來滋養身體呢？

（注意）

一、這個「安」字的位置，放在語句的頭上或中間。

二、這個「安」字在語體方面說的「那裏」，是副詞，不是形容詞、代名詞。

三、這個「安」字的用法，和「豈2」「焉3」一樣，可以換用。

（練習）

一、做個人，怎麼可以沒有恆心。

二、拓水甚微，安能救輿薪之火？

【安】用法2

（解釋）相當於語體的「那裡」或「那個地方」。

（用法舉例）

第一例（文）此一堆土石，君將安置。

（語）這一堆泥土石頭，你打算那個地方去安放。

第二例（文）泰山其頹，則吾將安仰？

（語）泰山它崩倒了，那麼我打算那裏去敬慕呢？

第三例（文）為人謙恭有禮，安往而不受人之歡迎。

（語）做人謙和恭敬有禮貌，那裏去卻是不受別人的歡迎。

（注意）

一、這個「安」字的位置，放在語句的頭上或中間，不可以放在末尾。

二、這個「安」字在語體方面說的「那裏」，是疑問代名詞。

三、這個「安」字的用法，和「焉4」「何3」「奚3」一樣。

（練習）

一、書已經不再出版了，你打算那裏去買。

二、既驕且吝，安往而不敗。

【耳】

（解釋）相當於語體的「就是了」或「罷了」或「了」。

（用法舉例）

第一例（文）齊宣王曰：「嗟乎！君子焉可侮哉？寡人自取病耳。」

(語)齊宣王說：「唉！德行好的人那裏可以侮辱呢？我自己受辱就是了。」

第二例(文)人當飢餓時，雖粗糲亦覺適口；否則珍饈滿案，未必能下咽。可見適口之食物，本無一定，惟飢餓時之食物，乃覺津津有味耳。

(語)人在肚子餓的時候，卽使粗飯也覺得合口味；不是這樣，那麼好吃的東西擺滿在桌子上，不一定能够吃下去。可見合口味的食物，本來沒有一定，只有肚子餓的時候的食物，纔覺得很有滋味了。

第三例(文)淮南有諺曰：「鷄寒上樹，鴨寒下水。」蓋謂鷄鴨倘遇天寒，或上樹，或下水，以避寒也。有人留意察之，殊不驗。詢諸人，亦莫能解。後遇一嫗，嫗曰：「此音訛耳。當作『鷄寒上距，鴨寒下嘴』。『上距』者，縮一足；『下嘴』者，以嘴插入翼中也。」試之果然。

(語)淮南有句俗語說：「鷄寒上樹，鴨寒下水。」大約是說鷄鴨如果遇到天氣冷，有的走上樹，有的走下水，拿來避開冷氣呢。有個人留心看牠們，實在不符合。問在別人那裏，也不能够解釋。後來遇到一個老婦，老婦人說：「這是字音弄錯罷了。應該說是『鷄寒上距，鴨寒下嘴。』『上距』的意思，就是縮起一隻脚；『下嘴』的意思，就是把嘴插進翅膀裏。」試看牠眞的是這樣。

(注意)

一、這個「耳」字的位置，必須放在末尾。

二、這個「耳」字的用法，和「而已」一樣，可以換用。

(練習)

一、弘光中學創辦的時候，學生只有幾十個罷了。

二十、精美之瓷器，在昔惟江西景德鎭能製造耳。

【因】用法1

（解釋）相當於語體的「就」。

（用法舉例）

第一例（文）一女兒哭於途中。我見而問之，知爲失道。因詢明其住址所在，送之回家。

（語）一個女孩子哭在路上。我看見了去問她，知道是迷路。我就問明白她住的地方在那裏，送她回到家裏。

第二例（文）已而夕陽欲墮，人影散亂；遊興旣盡，爰賦同歸。因泚筆記之，以留紀念。

（語）後來傍晚的太陽快要落山，遊人的影子散亂了；我們的遊玩興致已經完了，因此大家說一同回去。我就用筆蘸了墨來記牠，拿來留個紀念。

第三例（文）書齋之前，有石盆池，家人買魚子飼貓，見其煦沫也，不忍，因擇可生者得百餘，養其中。

（語）書齋的前面，有個石製的盆池。家裏人買了小魚餵貓，我看見小魚嘴裏吐着水泡啊，心裏不忍，就揀出可以養活的得到一百多條，養在石盆池裏。

（注意）

一、這個「因」字的位置，放在語句的頭上或中間。

二、這個「因」字，改用「遂」字，也可以。

（練習）

一、我走到半山，眞的望見凌雲閣高高地坐在山頂上，就盡力向上爬，不多時就到了。

二、貯滿錢幣，然後撲而取之，因名之曰「撲滿」。

【因】用法2

（解釋）相當於語體的「因爲」。

（用法舉例）

第一例（文）本欲奉訪，因事而止。

（語）本來要拜望你，因爲有事情就停止了。

第二例（文）因其價倘不貴，故購之。

（語）因爲牠的價値不貴，所以買牠。

第三例（文）張王二君僅因小事而失和，殊無謂也。

（語）張王兩個人只因爲小事情就不和睦，實在是沒有意思呢。

（注意）

一、這個「因」字的位置，放在語句的頭上或中間。

二、這個「因」字的用法，和「爲1」「以3」一樣，可以換用。

（練習）

一、我每天從家裏到學校，因爲彼此隔開得很近，所以不坐車子。

二、某君因病請假，故今日未見到校。

【因】用法3

（解釋）相當於語體的「緣故」或「原因」。

（用法舉例）

第一例（文）張君學業成績優良，非無因也，勤學故耳。

（語）姓張的學業成績很好，不是沒有原因的，勤學的緣故就是了。

第二例（文）事出有因，查無實據。

（語）事情發生總該有個原因，考察過後卻是沒有確實的證據。

第三例（文）徐君按日到校，不誤時刻；今日忽缺課，不知何因。

（語）姓徐的天天到學校，不錯誤時刻；今天忽然缺課，不知道甚麼緣故。

（注意）這個「因」字的位置，放在語句的中間或末尾。

（練習）

一、人家都進步，他卻是退步，不知道向上，就是許多原因裏的一個原因呢。

二、某君仰屋興嗟，非無因也。

【如】用法1

（解釋） 相當於語體的「像」或「好像」。

（用法舉例）

第一例（文）天空有一飛機，如大蜻蜓，盤旋不已。

（語）天空裏有一隻飛機，好像大的蜻蜓，四面轉着不停止。

第二例（文）生而盲者不識日，問之有目者，或告之曰：「日之狀如銅盤，日之光如燭。」

（語）出世就瞎了眼睛的人不知道太陽怎麽樣的，把這件事去問有眼睛的人。有人告訴他說：「太陽的形狀像銅盤，太陽的光亮像蠟燭。」

第三例（文）予每隆多讀書，至四鼓，體極寒，不能寐，則起舞劍，一再行，體熱如火，然後就臥，枕席俱溫矣。

（語）我常常在很冷的冬天讀書，到四更時候，身體很冷，不能够睡着，就起來舞劍；舞了一二次，身體熱得像火一般，纔去睡覺，枕頭褥子全部溫煖了。

（注意）

一、這個「如」字的位置，放在語句的中間或頭上。

二、這個「如」字的用法，和「若1」一樣。

（練習）

一、手裏搖着櫓，嘴裏唱着歌：歌的聲音櫓的聲音，好像彼此對答一樣。

二、月輪圓，如餅亦如盤。

【如】用法2

（解釋） 相當於語體的「像」或「或者」。

（用法舉例）

第一例（文）人之一身，如耳，如目，如手足，數皆有二，惟口則一。

(語)人的一個身體上面，像耳朵，像眼睛，像手和脚，數目都有兩個，只有嘴却是一個。

第二例(文)書之種類甚繁，除讀本外，如字典，如雜誌，如各種叢書，皆當購之，以資參考。

(語)書的種類很多，除了讀本以外，或者字典，或者雜誌，或者各種叢書，都該買牠，拿來供給參考。

第三例(文)學校假期甚多，如春日有春假，如夏日有暑假，如冬日有寒假，爲人所共知者。

(語)學校放假日子很多，像春天有春假，像夏天有暑假，像冬天有寒假，是大家都知道的。

(注意)

一、這個「如」字的位置，放在語句的頭上。在這語句的上下，都要有別的語句。

二、這個「如」字的用法，和「若3」一樣。

(練習)

一、球的種類不少，像網球，像足球，像棒球，像乒乓球，一時也說不完許多。

二、筆有多種，如鉛筆，如毛筆，如鋼筆，爲學生所常用者。

【如】用法3

(解釋) 相當於語體的「如果」。

(用法舉例)

第一例(文)君如愛其才，盍擢用之？

(語)你如果愛他的才能，怎麼不提拔他敎他做事？

第二例(文)書報中多趣事，如能自閱，較聽人口講，尤爲有味也。

（語）書籍報紙裏面多有趣的事情，如果會自己看，比較別人嘴裏講，更加是有滋味呢。

第三例（文）某君已由濟至京，如不稽留，則乘車來滬，僅數小時耳。

（語）某君已經從濟南到了南京，如果不就擱，那麼坐車到上海來，不過幾點鐘罷了。

（注意）

一、這個「如」字的位置，放在語句的頭上或中間，在這語句的下面，要有別的語句。

二、這個「如」字的用法，和「苟1」「倘」「若1」一樣，可以換用。

（練習）

一、如果天晴，我一定參加這回的旅行。

二、今日爲註冊最後一日，如倘不前往，逾期不能再補。

【如】用法4

（解釋）相當於語體的「到」或「往」。

（用法舉例）

第一例（文）便急則如廁。

（語）大便急了就到廁所裏去。

第二例（文）春，公將如棠觀漁者。

（語）春天，魯國的隱公打算到棠地去參觀捉魚的人。

第三例（文）陳君如錫，習業於絲繭公司。

（語）姓陳的往無錫，學習職業在絲繭公司裏。

（注意）

一、這個「如」字的位置，放在語句的中間。

二、這個「如」字的用法，和「之」字差不多。

（練習）

一、我這回到漢口去走走看看，增加了經驗不少。

二、陸君將如蘇，投考於某中學。

【如】用法5

（解釋）相當於語體的「及」或「夠得上」。

（用法舉例）

第一例（文）張君之才，我愧不如。

（語）張君的才能，我慚愧不能及他。

第二例（文）奏琴手法之熟，莫如王君。

（語）彈琴手法這樣純熟，沒有人夠得上王君的。

第三例（文）學力弗如人，何慮也；也能努力為學，不怠不懈，亦必有勝人之一日。

（語）學問的力量不及別人，還慮甚麼呢；只要能夠盡力求學問，不懶惰，不疏忽，也一定有勝過別人的一天。

（注意）這個「如」字的位置，放在語句的中間或末尾

（練習）

一、南湖的風景，不及西湖。

二、算術成績，我不如彼；國文成績，彼不如我。

【如】用法6

（解釋）相當於語體的「的樣子」

（用法舉例）

第一例（文）突如其來。

（語）出人意料以外的樣子他來了。

第二例（文）孔子於鄉黨，恂恂如也，似不能言者。

（語）孔子在鄉黨裏，恭敬又溫和的樣子，好像不會說話的。

第三例（文）子之燕居，申申如也，夭夭如也。

（語）孔子在閒空無事的時候，容貌很舒服的樣子，顏色很愉快的樣子。

（注意）

一、這個「如」字的位置，放在語句的中間。

二、這個「如」字的用法，和「然2」「爾3」差不多。

（練習）

一、牠旺盛起來啊很快的樣子。

二、趨進，翼如也。

【如……何】

（解釋）相當於語體的「把……怎麼樣呢」。

（用法舉例）

第一例（文）子曰：「天生德於予，桓魋其如予何？」

（語）孔子說：「天把聖德給我，桓魋打算把我怎麼樣呢？」

第二例（文）徐生好嬉遊，余屢誡之，彼終不聽，將如之何！

（語）姓徐的學生喜歡遊玩，我屢次勸告他，他到底不聽從，打算把他怎麼樣呢？

第三例（文）河曲智叟笑北山愚公曰：「甚矣！汝之不惠。以殘年餘力，曾不能毀山之一毛，其如土石何！」

（語）河曲智叟譏笑北山愚公說：「到極點了哪！你的不聰明。用你剩餘的年紀和力氣，簡直不能夠損傷山上的一根草，你打算把泥土石塊怎麼樣呢！」

（注意）

一、這個「如……何」的位置，放在語句的末尾。

二、這個「如……何」，有時候可以改用「若……何」，也是一樣。

（練習）

一、我沒有得罪過他，他把我怎麼樣呢？

二、忽寒忽熱，如天氣何？

【此】

（解釋）相當於語體的「這」「這個」或「這……」「這個……」。

（用法舉例）

（第一例（文）樹上鳥，聲啾啾；階下蟲，聲唧唧。王兒曰：「此天然音樂也。」

（語）樹上的鳥，叫聲啾啾的；台階兒下面的蟲，叫聲唧唧的，姓王的孩子說：「這就是天然的音樂。」

第二例（文）王兒食物，嚼痛舌端，哭告其母。母曰：「細嚼緩咽，自無此患。」

（語）姓王的孩子吃東西，嚼痛了舌尖，哭着告訴他的母親。母親說：「你細細地嚼慢慢地咽，自然沒有這個毛病。」

第三例（文）讀書固要，蓋人之常識，多由讀書得之；然求學之目的，尙不止此，如：鍛鍊身體，修養德性，練習治事，在在均應注意也。

（語）讀書本來要緊，因爲人的常識，大都從讀書得到牠；可是求學的目的，還不止這一點，像：鍛鍊身體，修養德性，練習辦事，處處都應該注意的。

（注意）

一、這個「此」字的位置，在語句的頭上、中間和末尾，都可以放得。

二、這個「此」字的用法，和「斯2」一樣，可以換用。

（練習）

一、我讀這本書，明白虛字的用法了。」

二、此數人者，皆余之好友也。

【至於】用法1

（解釋） 相當於語體的「弄到」或「到了」。

（用法舉例）

第一例（文）漁父問屈原曰：「子非三閭大夫與？何故至於斯？」

（語）漁父問屈原道：「你不是三閭大夫嗎？爲甚麼緣故弄到這樣呢？」

第二例（文）人之得相生相養，以至於今者，賴有群也。

（語）人的能够大家生活大家供給生活材料，一直到了現在，甚麼緣故呢？靠着有合羣心的緣故。

第三例（文）齊大饑，黔敖爲食於路，以待餓者而食之。有餓者來，黔敖曰：「嗟！來食。」餓者揚其目而視之，曰：「予惟不食嗟來之食，以至於斯也。」不食而死。

（語）齊國遇到大荒年，黔敖預備了食物放在路上，等那飢餓的人來給他吃。有一個飢餓的人走過來，黔敖說：「眞可憐！來吃罷。」那飢餓的人勉强張開他的眼睛來看看黔敖，說：「我只是爲了不吃別人可憐我的食物，纔到了這樣地步的。」不肯吃，就死了。

（注意）這個「至於」的位置，放在語句的中間。

（練習）

一、他卽使窮苦到了沒有辦法的地步，也爲甚麼弄到做起賊來？

二、細菌自述曰：「余以殺人爲業，人患傷寒、霍亂等傳染病，以至於死，皆余所爲也。」

【至於】用法2

（解釋）相當於語體的「說到」。

（用法舉例）

第一例（文）毛筆固便矣，至於自來水筆，則使用更便。

（語）毛筆本來便利了；說到自來水筆，那麼用起來更加便利。

第二例（文）專制國，國家爲君主一人所私有；至於民主國，則國家爲人民所公有。

（語）專制國，國家是君主一個人私有的；說到民主國，那麼國家是人民公有的。

第三例（文）金山、北固，可循陸路前往；至於焦山，矗立江中，非乘舟不達。

（語）金山、北固山，可以依照陸路前去；說到焦山，直立在長江裏，不坐船不能到達。

（注意）

一、這個「至於」的位置，放在語句的頭上，在這語句的上面下面，都要有別的語句。

二、這個「至於」的用法，和「若夫」一樣，可以換用。

（練習）

一、這個河，可以行動小船；說到大輪船，那就不能夠行動了。

二、好名者，可以名餌之；至於不好名者，則無法勵之矣。

七畫

【矣】用法1

（解釋）相當於語體的「了」。

（用法舉例）

第一例（文）東蟻敗，西蟻乘勝蹴之，將傅壘矣。

（語）東面的螞蟻失敗，西面的螞蟻趁着勝利在後面追上去，快要逼近營牆了。

第二例（文）予每隆冬讀書，至四鼓，體極寒，不能寢，則起舞劍；一再行，體熱如火，然後就臥，枕席俱溫矣。

（語）我常常在很冷的冬天讀書，到四更時候，身體很冷，不能夠睡着，就起來舞劍，舞了一二次，身體熱得像火一般，纔去睡覺，枕頭、褥子全都溫暖了。

第三例（文）耕者，助而不稅，則天下之農，皆悅而願耕於其野矣。

（語）對那種田的人，只照助法收取十分之一卻是沒有別的捐稅，那麼天下的農人，都快樂到露出笑容並且情願在他的田裏耕種了。

（注意）這個「矣」字的位置，必須放在語句的末尾。

（練習）

一、客人已經走了，不能夠留住他了。

二、愚而游惰，不可教矣。

【矣】用法2

（解釋）相當於語體的「了哪」。

（用法舉例）

第一例（文）河曲智叟笑北山愚公曰：「甚矣！汝之不惠，以殘年餘力，曾不能毀山之一毛，其如土石何！」

（語）河曲智叟譏笑北山愚公說：「到極點了哪！你的不聰明。用你剩餘的年紀和力氣，簡直不能夠損傷山上的一根草，你把泥土石塊怎麼樣呢！」

第二例（文）吾邑西南郊，有隙地數畝，倚山臨水，風景天然。邑人乃集資為公園，碁年而園成。衆皆喜相告曰：「今後得有遊息之地矣！」

（語）本縣西南城外，有空地幾畝，靠着山，臨着水，風景自然。本縣的人就集合了經費造成公園，費了一年的時間園纔造成。大家都很快樂，你告訴我我告訴他說：「從今以後可以有遊玩休息的地方了哪！」

第三例（文）杜處士曝畫，有戴嵩牛一幅。一牧童見之，大笑曰：「此畫鬥牛也，牛鬥在角，尾搖入兩股間；今乃掉尾而鬥，謬矣！」處士笑而然之。

（語）杜處士在陽光下面晒畫，有戴嵩畫的牛一幅。一個牧童看見了牠，大笑說：

「這是畫鬥牛啊，牛鬥起來力氣全在角上，尾巴夾進兩條腿裏：現在卻是掉開了尾巴來鬥，畫錯了哪！」杜處士聽了笑笑並且覺得他的話是對的。

（注意）這個「矣」字的位置，必須放在語句的末尾。

（練習）

一、像張學行這個人，好算是模範學生了哪！

二、象以齒而焚身；愛好妝飾者，可以鑒矣！

【抑】用法1

（解釋）相當於語體的「還是」。

（用法舉例）

第一例（文）君畢業後，升學歟？抑就業歟？

（語）你畢業以後，升學呢？還是去謀職業呢？

第二例（文）余明日擬赴杭州，乘船便乎？抑乘車便乎？

（語）我明天想到杭州去，趁船便利呢？還是趁車便利呢？

第三例（文）夫子之至於是邦也，必聞其政；求之歟？抑與之歟？

（語）老師的到了這個國家啊，一定參預這個國家的政治；是老師自己去求到牠的呢？還是君主情願來和他接談的呢？

（注意）

一、這個「抑」字的位置，放在語句的頭上；在這語句的上面，要有另一個語句，意思是和牠平列的。

二、這個「抑」字的用法，在語句的末尾，大概都附有「乎」「歟」一類的字。

（練習）

一、有玩具在這裏，你要買皮球呢？還是要買軍棋呢？

二、晨起自修，讀書乎？抑習字乎？

【抑】用法2

(解釋)相當於語體的「卻還」或「卻是」。

(用法舉例)

第一例(文)文不甚工，抑亦足以達其意矣。

(語)文章不十分好，卻是也可以表出他的意思了。

第二例(文)讀書可以增長知識，固無人不知矣；抑有進者，聖賢之遺訓，偉人之事蹟，充溢乎書中，則敦品勵行，亦惟讀書能得鉅大之收穫也。

(語)讀書可以增加長進知識，本來沒有人不知道了；卻還有進一層的意思，聖人賢人的遺教，偉人的事蹟，充滿在書裏，那麼勉勵品性和行爲，也只有讀書能夠得到很大的收穫呢。

第三例(文)子曰：「若聖與仁，則吾豈敢？抑爲之不厭，誨人不倦，則可謂云爾已矣！」

(語)孔子說：「像聖人和仁人，那麼我怎麼敢擔當？卻是我自己求學不怕討厭，教訓別人不怕疲倦，那麼可以說是這樣罷了！」

(注意)這個「抑」字的位置，放在語句的頭上，在這語句的上面，要有別的語句。就語意方面講，在「抑」字上下，意思是有轉變的。

(練習)

一、紙的質地不十分好，卻是也可以供給畫圖的用途了。

二、筆記未鈔，日記未作，大楷未寫，未了之課外工作，抑何多也！

【但】用法1

(解釋)相當於語體的「只是」或「不過」。

(用法舉例)

第一例（文）未見其人，但聞其聲。

（語）沒有看見那個人，只是聽見他的聲音。

第二例（文）某校訂一規則，凡學生缺課，須扣學分，但因故先行請假者得免之。

（語）某校定了一個規則，凡是學生缺課，一定要扣去學分，不過因為有事情預先請假的人，可以免扣牠。

第三例（文）陳堯咨善射。賣油翁見其發矢十中八九，但微頷之。堯咨問曰：「吾射不亦精乎？」翁曰：「無他，但手熟爾！」

（語）陳堯咨很會射箭。賣油翁看見他射箭十次裏中了八九次，只是畧微點點頭。堯咨問道：「我射箭的本領不是也算得很好嗎？」賣油翁說：「沒有別種道理，不過手法很熟能了！」

（注意）

一、這個「但」字的位置，放在語句的頭上，在這語

句的上面，要有別個語句。就語意方面講，在「但」字上下，意思是畧有轉變的。

二、這個「但」字的用法，和「特」「第1」「顧1」「惟1」「徒」「獨」等字，大都可以通用。

（練習）

一、進了牠的門，只是看見花和樹興旺得很，遊人多得很。

二、口琴，我能吹矣，但未精也。

【但】用法2

（解釋）相當於語體的「只要」或「只管」。

（用法舉例）

第一例（文）此事，余但盡力為之，祇求無過，不求有功。

（語）這件事情，我只管努力做牠，只希望沒有錯誤，不希望有功勞。

第二例（文）凡讀艱深之文，但能勤檢字書，逐字明

其意義，卽不難領悟。

(語)凡是讀不容易懂的文章，只要能够努力查字書，一個一個字都明白牠的意思，就容易懂得了。

第三例(文)市中多商店。綢緞布匹，柴米油鹽，無物不有。入市之人，需何物，但看市招，卽可購得。

(語)市街裏多商店。綢緞布匹，柴米油鹽，沒有一樣東西沒有。跑進市街去的人，要用甚麽東西，只要看店家的招牌，立刻可以買到。

(注意)

一、這個「但」字的位置，放在語句的頭上或中間。

二、這個「但」字的用法，和「第2」一樣。

(練習)

一、我只要能够遵守法律，別人那裏能够寃枉我。

二、人之毀譽不必論，但求無愧吾心耳。

【何(胡)】用法1

(解釋) 相當於語體的「爲甚麽」或「怎麽」。

(用法舉例)

第一例(文)飛蛾乎！爾好與火燄相嬉乎？亦知火燄能喪爾生乎？何不智若此！

(語)飛蛾呀！你喜歡同火燄彼此遊戲嗎？也知道火燄能喪失去你的生命嗎？怎麽不聰明到像這個樣子！

第二例(文)煮豆燃豆萁，豆在釜中泣，本自同根生，相煎何太急！

(語)煮豆燒着豆萁，豆在鍋子裏面哭：豆子好像在說：「本來是從一個根上生出來的，煎熬我爲甚麽這樣過分着力！」

第三例(文)兄在室中溫課。弟趨至，曰：「外有猴戲，盍往觀之？」兄曰：「我溫課尚未完畢，何可外出遊玩？」

(語)哥哥在家裡溫課。弟弟很快的走進來，說：「外面有猴子做把戲，怎麼不去看物？」哥哥說：「我溫課還沒有完畢，怎麼可以走到外面去遊玩？」

(注意)

一、這個「何」字的位置，放在語句的頭上或中間。

二、這個「何」字的用法，和「豈」字「焉」字不同。因為「何」字有「為甚麼」的意思，「豈」字「焉」字卻沒有；「豈」字「焉」字有「那裡」的意思，「何」字卻沒有。

(練習)

一、天快要夜了，怎麼還不點燈？

二、余問某君：「何故不升學？」曰：「家貧耳！」

【何(胡)】用法2

(解釋)相當於語體的「甚麼」。

(用法舉例)

第一例(文)虛字為何？介詞、連詞、助詞；歎詞也

(語)虛字是甚麼？介詞、連詞、助詞、歎詞就是。

第二例(文)瓶豈無碎之日乎？今碎矣，何惜？

(語)瓶難道沒有打破的日子嗎？現在打破了，痛惜甚麼？

第三例(文)市中多商店。綢緞布匹，柴米油鹽，無物不有。入市之人，需何物，但看市招，即可購得。

(語)市街裏多商店。綢緞布匹，柴米油鹽，沒有一樣東西沒有。跑進市街去的人，要用甚麼東西，只要看看店家的招牌，立即可以買到。

(注意)

一、這個「何」字的位置，在語句的頭上、中間和末尾都可以放得。

二、這個「何」字的用法，下面要緊接實體詞，在語

體方面纔是順說。如果下面接着的是動詞，語體方面順說，文言方面就變成倒裝了。舉例如下：

(文)瓶難道沒有打破的日子嗎？現在打破了，痛惜甚麼？

(語)瓶豈無碎之日乎？今碎矣，何惜？(「惜」字是動詞，所以倒裝。)

(練習)

一、讀書已經不專心，又常常缺課，有甚麼好處呢？

二、小說十八篇，何篇最長，何篇最短？

【何(胡)】用法3

(解釋) 相當於語體的「那裏」或「那個地方」。

(用法舉例)

第一例(文)張君何自來？來自蘇州。

(語)張君從那個地方來？從蘇州來。

第二例(文)君整理行裝，將何適乎？

(語)你整理好行李，打算往那裏去呢？

第三例(文)爲人謙恭有禮，何往而不受人之歡迎？

(語)做人謙和恭敬有禮貌，那裏去卻是不受別人的歡迎？

(注意)

一、這個「何」字的位置，放在語句的頭上或中間，不可以放在末尾。

二、這個「何」字在語體方面說的「那裏」，是疑問代名詞。

三、這個「何」字的用法，和「焉4」「安2」「奚3」一樣。

(練習)

一、你打算那裏去？我願意跟在你的後面。

二、商人茍重信義，何往而不利？

【何……之有】

(解釋) 相當於語體的「有甚麼……他」。

(用法舉例)

第一例(文)問心無愧，何懼之有？

(語)問良心沒有對不起人，有甚麼怕他？

第二例(文)某君之言，不含滑稽意味，何笑之有？

(語)某人的話，不包含有趣可笑的意味，有甚麼笑他？

第三例(文)家固毀矣，身則健在，何歎之有？

(語)家庭固然毀壞了，身體卻是康健地存在着，有甚麼歎息牠？

(注意)

一、這個「何……之有」的位置，放在許多語句的末尾。

二、這個「何……之有」的用法，要把末了的「有」字移到「何」字上面來講，才和語體相合，所以在文言方面是倒裝的形式。

(練習)

一、已經打碎卻是還可以買到，有甚麼可惜牠？

二、理屈詞窮，何說之有？

【何為】

(解釋)相當於語體的「為了甚麼」或「做甚麼」。

(用法舉例)

第一例(文)此地既有猛虎，爾何為不去也？

(語)這裏既然有兇的老虎，你為了甚麼不離開這裏呢？

第二例(文)余觀農人插秧，叩之曰：「秧植故田，亦可成長，分之何為？」

(語)我看農人插秧，問他說：「秧種在原來的田裏，也可以生長的，分種牠做甚麼？」

第三例(文)且君之欲見之也，何為也哉？曰：「為其多聞也，為其賢也。」(孟子)

(語)再說君主之要召見他(指庶民)啊，為了甚麼的緣故呢？」說：(萬章的回答)「因為他多聞見呢，因為他有賢德呢。」

(注意)

一、這個「何為」的位置，在語句的頭上、中間或末尾，都可以放得。

二、這個「何為」，可以改用「奚為」「曷為」等。

(練習)

一、他沒有做過錯事，辭歇他做甚麼？

二、熱心教育何為者，造就國家有用之才也。

【何以】

(解釋) 相當於語體的「怎麼」或「為甚麼」。

(用法舉例)

第一例(文)彼之待人接物，何以如此無禮。

(語)他的待人和別人交際，為甚麼這樣沒有禮貌。

第二例(文)吾不解神鬼之說，何以能若是之迷人。

(語)我不明白神仙鬼魂的話，怎麼這樣的使人迷惑。

第三例(文)優勝劣敗，乃天演之公例；藉曰不，則弱肉何以強食。

(語)「優勝劣敗」，是天演的公例；即使說不是這樣，那麼弱的肉為甚麼被強的喫掉。

(注意)

一、這個「何以」的位置，放在語句的頭上或中間。

二、這個「何以」，改用「何為」也可以。

(練習)

一、老虎力氣很大，人不及牠，為甚麼老虎到底給人捉住呢。

二、君之射箭，何以能十中八九乎？

【何則】

(解釋) 相當於語體的「甚麼緣故呢」。

(用法舉例)

第一例（文）人才不易得，何則？教育不普及故也。

（語）人才不容易得到，甚麽緣故呢？教育不普及的緣故就是。

第二例（文）冬寒而夏熱，何則？地球距日有遠近也。

（語）冬天冷卻是夏天熱，甚麽緣故呢？地球離開太陽有遠有近的緣故。

第三例（文）儼然人也，而等於木偶，何則？知覺不靈耳。

（語）端莊的樣子是一個人，卻是好像木雕的人像，甚麽緣故呢？知覺不靈罷了。

（注意）

一、這個「何則」的位置，放在語句的中間，可以獨立；在牠的上面下面，都要有別的語句。

二、這個「何則」，改做「何也」「何者」也可以。

（練習）

一、商業不興旺，甚麽緣故呢？商人缺少學問見識的緣故。

二、時勢不易乘，何則？才智不逮故也。

【否則】

（解釋）相當於語體的「不是這樣那麽」或「不是這樣那就」。

（用法舉例）

第一例（文）論人須原心略迹，否則太苛。

（語）批評人必須尋找本原查察事實，不是這樣那就過分苛刻了。

第二例（文）寄上繪圖器一副，君如需此，即請留用，否則擲還可也。

（語）寄給你畫圖器一副，你如果要用這個，就請你留着使用，不是這樣那就還給我，可以的。

第三例（文）人當飢餓時，雖粗糲亦覺適口；否則珍饈滿案，未必能下咽。

(語)人在肚子餓的時候，卽使粗飯也覺得合口味；不是這樣那麼好吃的東西擺滿在桌子上，不一定能够吃下去。

(注意) 這個「否則」的位置，放在語句的頭上；在這語句的上面，要有別的語句。

(練習)

一、有名的著作物可以傳到後代，不是這樣那就拿來遮蓋小甕罷了。

二、考試須嚴甄別，否則不得眞才。

八畫

【於(于)】用法1

(解釋) 相當於語體的「在」。

(用法舉例)

第一例(文)著名之綠茶，產於杭州，名曰龍井。

(語)著名的綠茶，出產在杭州，名叫龍井。

第二例(文)風雅之士，於重九之日，持螯賞菊，把酒吟詩，韻事也，亦樂事也。

(語)高尚文雅的人，在重九的一天，吃蟹賞菊，喝酒做詩，是文雅的事情 也是快樂的事情。

第三例(文)陶侃居官無事，輒朝運百甓於齋外，暮運之於齋內，以習勤勞。

(語)陶侃做官時候，閒空着沒有事情做，他常常在早晨，搬一百塊甎頭在屋外，到了晚上，搬牠在屋裏，拿來練習勤勞。

(注意)

一、這個「於」字的位置，放在語句的中間或頭上。

二、這個「於」字的用法，語體順說或倒裝都可以，文言一定要倒裝。像上面的第一例：

(語)在杭州出產。(順說) 出產在杭州。(倒裝)

(文)產於杭州(倒裝) 產於杭州。(倒裝)

再舉幾個例：

(語)在蘇州中學讀書。(順說)

讀書在蘇州中學。(倒裝)

(文)求學於蘇州中學。(倒裝)

求學於蘇州中學。(倒裝)

(語)在下賤的地位落下去。(順說)

落下去在下賤的地位。(倒裝)

(文)流於下賤。(倒裝)　流於下賤。(倒裝)

(練習)

一、在商店裏買東西，付錢一元，得到一隻皮球。

二、死於外，何若死於家。

【於(于)】用法2

(解釋)相當於語體的「那」或「對那」。

(用法舉例)

第一例(文)習於善則善，習於惡則惡，故吾人求學，貴乎愼其始。

(語)常常學那好的就會好，常常學那壞的就會壞，所以我們求學，着重在牠的開頭要小心。

第二例(文)君以全力助甲，於甲有功，於乙則無益。

(語)你用全副力量去幫助甲方，對那甲方有功勞，對那乙方卻是沒有好處。

第三例(文)邵子云：「一日之計在於晨，一歲之計在於春，一生之計在於勤。」

(語)邵雍說：「一天的謀畫在那早晨，一年的謀畫在那春天，一世的謀畫在那勞動。」

(注意)這個「於」字的位置，放於語句的中間或頭上，不可以放在語句的末尾。

(練習)

一、我沒有對不起那別人，也沒有對不起那自己。

二、吾於王君，可謂無負矣。

【於(于)】用法3

(解釋) 相當於語體的「過」或「比」。

(用法舉例)

第一例(文)品學勝於吾者，吾與之爲友。

(語)品行學問好過我的人，我和他結成朋友。

第二例(文)孔子謂子路曰：「小子識之，苛政猛於虎也。」

(語)孔子對子路說：「你記住這句話！苛刻的法令，厲害過吃人的老虎哪！」

第三例(文)季氏富於周公，而求也爲之聚斂而附益之。子曰：「非吾徒也！小子鳴鼓而攻之，可也。」

(語)季氏財產比周公多，却是冉有(求)啊還要替他搜括錢財去增加牠。孔子說：「冉有不是我的學生哪！你們擂着鼓去討伐他，是可以的。」

(注意)

一、這個「於」字的位置，必須放在語句的中間，和上下文都要緊接着。

二、這個「於」字，語體用作「過」字講的，文言是順寫，語體用作「比」字講的，文言要倒裝。就把上面三個例子，說明如下：

(語)(用「過」字)品行學問好過我的人。
(文)(順寫)品學勝於吾者。
(語)(用「比」字)品行學問比我好的人。
(文)(倒裝)品學勝於吾者。
(語)(用「過」字)苛刻的法令厲害過吃人的老虎。
(文)(順寫)苛政猛於虎。
(語)(用「比」字)苛刻的法令比吃人的老虎厲害。
(文)(倒裝)苛政猛於虎。
(語)(用「過」字)季氏財產多過周公。
(文)(順寫)季氏富於周公。

(語)(用「比」字)季氏財產比周公多。

(文)(倒裝)季氏富於周公。

(練習)

一、棉衣裳比夾衣裳暖和，夾衣裳比單衣裳暖和。

二、張君年長於我，我稱之曰「兄」。

【於(于)】用法4

(解釋) 相當於語體的「被」或「受」。

(用法舉例)

第一例(文)夏日之午，余困於炎熱，因納涼於大槐之下。

(語)夏天的日中時候，我被非常的熱圍住，就乘涼在大槐樹的下面。

第二例(文)郤克傷於矢，流血及屨。(左傳)

(語)郤克被箭損害，血流到鞋子上。

第三例(文)或勞心，或勞力。勞心者治人，勞力者治於人；治於人者食人，治人者食於人。天下之通義也。

(語)有的人勞動心思，有的人勞動力氣。勞動心思的人管理別人，勞動力氣的人被別人管理；被別人管理的人供給別人吃用，管理別人的人受別人供給吃用。是世界上的普通道理。

(注意) 這個「於」字的位置，放在語句的中間。

(練習)

一、一個種田人被瘋狗咬傷，醫治不好就死了。

二、陸君阻於雨，不克赴會。

【於是】

(解釋)相當於語體的「因此」或「在這時候」。

(用法舉例)

第一例(文)某姓家失火，鄰人救之，得熄；於是主人殺鷄置酒謝其鄰人。

(語)某姓家裏着火，鄰居人救牠，得到熄滅了；因此主人殺了鷄辦了酒，酬謝他的鄰居人。

第二例（文）天氣炎熱，人每赤體露宿，或行走烈日之下，渴則飲不潔之水，於是有中暑、霍亂之病。

（語）天氣很熱，人們往往赤着了身體露天睡覺，有的走在很熱的太陽光下，嘴裏覺得乾就喝不清潔的水，在這時候有中暑霍亂的病發生了。

第三例（文）某氏酷愛鼠，其家倉廩庖廚，悉以恣鼠不問；於是鼠相告，皆來某氏，飽食而無禍。

（語）某人十分愛老鼠，他家裏的米倉廚房，都拿來聽憑老鼠去吃，不管理；因此老鼠彼此通知，都到某人家裡來，有機會吃飽却是沒有災殃。

（注意）

一、這個「於是」的位置，放在語句的頭上或中間，在這語句的上面，要有別的語句。

二、這個「於是」，改用「因之」二字，也可以。

（練習）

一、自從有了機器，一切製造建築的技術因此精良。

二、彼已學畢算術，於是授以代數。

【所】用法1

（解釋）相當於語體用來指定甚麼的「的」。

（用法舉例）

第一例（文）所知不多，何可妄談。

（語）知道的不多，怎麼可以胡說。

第二例（文）好議論人是非，爲我所大惡。

（語）喜歡談論別人的好壞，是我最恨的。

第三例（文）書室前，有竹柏雜花，叢生滿庭，爲予所植。

(語)書房前面，有竹子、柏樹、雜花，聚在
一處的生滿院子裡，是我種的。

(注意)

一、這個「所」字的位置，放在語句的中間或頭上，不可放在語句的末尾。並且必須倒裝。

二、這個「所」字的下面，必須緊接動詞。

三、倒裝的方法很簡單，只要把動詞搬在上面，把「所」字講作「的」的「的」字搬在下面就行了。拿上面三個例句說明如下：

所—(文)爲予所植。 所知不多。
(語)是我種的。 知道的不多。 } 位置放在語句的中間或頭上。

也—(文)彼曰「非也；」予曰「是也。」
(語)他說「不是的；」我說「是的。」 } 位置放在語句的末尾，完全不同。

五、這個「所」字的用法，和「之2」不同，請看下面的例子做個比較。

所—(文)爲予所植
(語)是我種的 } 「所」字是聯接代名詞。

(文)所知
(語)知道的
(文)所大惡
(語)最恨的
(文)所植
(語)種的。

四、這個「所」字的用法，和「也3」不同，請看下面的例子做個比較。

之—(文)以予之筆(如果改「以所予筆」，不通。)
(語)拿我的筆

「之」字是介詞，完全不同。

六、這個「所」字的用法，和「者7」有同有不同，請看下面的例子做個比較。

所—(文)爲予所植。
(語)是我種的。

「所」字也是聯接代名詞；說話「的」字上面是動詞。

者—(文)布爲工人織者，棉爲農人植者。
(如果改成「布爲工人所織，棉爲農人所植。」也通。)
(語)布是工人織的，棉花是農人種的。

「者」字也是聯接代名詞，說話「的」字上面也是動詞，所以說得通。

者—(文)有婦人哭於墓者。
(如果改成「有婦人所哭於墓」不通。)
(語)有個婦人哭在墳墓旁邊的。

「者」字儘管是聯接代名詞，因爲說話「的」字上面是實體字，所以說不順。

(練習)

一、這封信是我發出的。

二、君所惡，適爲余所愛。

【所】用法2

(解釋)相當於語體用來指定甚麼的「的」。(下面有「之」字接連。)

(用法舉例)

第一例(文)予所居之室，在堂之北。
(語)我住的房間，在大廳的北面。

第二例(文)學校所定之規則，學生均宜遵守。
(語)學校定的規則，學生都應該遵守。

第三例（文）人力所開之運河，橫絕長江黃河，貫穿
　南北。
（語）用人力開的運河，橫斷長江、黃河，通
過南北。

（注意）

一、這個「所」字的位置，必須放在語句的中間或頭上，不能放在語句的末尾。並且必須倒裝。

二、這個「所」字下面，一定要是動詞；動詞下面，要有一個「之」字，使指的事物格外清楚。可是這個「之」字在語體裏是不用說的，所以去掉「之」字也不妨。拿上面三個例句說明如下：

1予所居室，
2學校所定法律，　都可以通。
3人力所開運河，

（練習）

一、我吃的，是蔬菜；穿的，是布衣。

二、我結交的，都是有益的朋友。

【所】用法3

（解釋）相當於語體用來指定甚麼的「的」。（下面有「者」字接連。）

（用法舉例）

第一例（文）彼所任者，教育行政官也。
（語）他擔任的事情，教育行政官就是。

第二例（文）所好者爲書與畫，皆友人所贈者。
（語）喜歡的東西是字和畫，都是朋友送給我的東西。

第三例（文）睦子所居者，在堂之左，其南北長二十有八尺，東西廣十有七尺。
（語）睦先生住的地方，在大廳的左邊，牠的南北長二十八尺，東西廣十七尺。

（注意）

一、這個「所」字的位置，放在語句的中間或頭上，不可放在語句的末尾，並且必須倒裝。

二、這個「所」字下面，一定要是動詞；動詞下面，要有一個「者」字，說明指定的事物。

三、這個「所」字的用法，在動詞下面的「者」字去掉也不妨，不過不如用「者」字的好。拿上面三個例來說明：

1彼所任，敎育行政官也。

2所好爲書與畫，皆友人所贈。

3陸子所居，在堂之左。

〔練習〕

一、我恨的事情，懶惰和吝嗇就是。

二、幾何之理，爲我所不解者。

【所】用法4

〔解釋〕相當於語體用來指點事物的「甚麼」。

〔用法舉例〕

第一例（文）惰貓伈伈泯泯，飢哺飽嬉，一無所爲。

（語）懶惰的貓怕事無知的樣子，餓了就吃，飽了就玩，一點也沒有做甚麼。

第二例（文）臨表涕泣，不知所云。

（語）在上表的時候哭着，不知道說些甚麼。

第三例（文）夜半登泰山日觀峯觀日出，初時無所覩，俄而白光一線，破空而起，漸紅漸紫。

（語）半夜裏走上泰山日觀峯去看太陽出來，起初時候沒有甚麼看見，不多時白光一線，穿過空間就起來，慢慢地發紅又慢慢地發紫。

〔注意〕這個「所」字的位置，必須放在語句的中間，並且必須倒裝。

〔練習〕

一、先生出了題目問學生，學生張着眼睛直看沒有回答甚麼。

二、蜂在花卉名葩之上飛繞，欲採蜜，久之，無所得。

【所】用法5

（解釋）相當於語體的「地方」。

（用法舉例）

第一例（文）警士已圍捕，爾將安所避乎？

（語）警察已經圍住了捉拿你，你打算甚麼地方去逃開呢？

第二例（文）行仁政者，使四民各得其所。

（語）施行仁政的人，使士農工商四種百姓大家得到他的適宜地方。

第三例（文）余既放魚於小池，憐其不得所，復移放於大湖。

（語）我既然放魚在小池裏，可憐牠不能得到適宜地方，又搬在大湖裏。

（注意）這個「所」字的位置，放在語句的末尾或中間。

（練習）

一、得到那適宜地方哪！得到那適宜地方哪！

二、責任所在，無所逃也。

【所以】用法1

（解釋）相當於語體的「究竟爲甚麼」或「爲甚麼」。

（用法舉例）

第一例（文）欲擒故縱，使人莫測所以。

（語）要想捉住他偏偏放他，教別人料想不出究竟爲甚麼。

第二例（文）臨陣之士，所以不畏死，激於愛國心也。

（語）打仗的兵，究竟爲甚麼不怕死，激動那愛國心的緣故。

第三例（文）張君不知此事眞相，余具告所以，張君遂不復懷疑矣。

（語）張君不知道這件事的眞相，我完完全全告訴他究竟爲甚麼，張君就不再懷疑了。

（注意）這個「所以」的位置，在語句的頭上、末尾和中間都放得，在這語句的下面或上面，要有別的語句。

（練習）

一、樵夫究竟爲甚麼上山，採藥草的緣故。

二、彼所以孜孜不倦發明電氣用具者，爲人類謀幸福生活也。

【所以】用法2

（解釋）相當於語體的「因此」。

（用法舉例）

第一例（文）因其價尙不貴，余所以購之。

（語）因爲牠的價值還不貴，我因此買了牠。

第二例（文）有大見識，所以能出奇謀。

（語）有大見識，因此能够想出特別的計劃。

第三例（文）貌惡而心慈者非鮮，所以人不可以貌取。

（語）相貌凶惡卻是內心慈善的人並不少，因此人不可以拿相貌來揀選。

（注意）

一、這個「所以」的位置，放在語句的頭上或中間。在這語句的上面，要有別的語句。

二、這個「所以」的用法，和「故1」一樣，可以換用。

（練習）

一、因爲他的本領大，所以能够做成大事業。

二、不利已，不損人，所以合公德。

【所以】用法3

（解釋）相當於語體的「拿來」或「是拿來」。

（用法舉例）

第一例（文）茶，所以止渴者；飯，所以充飢者。

（語）茶，是拿來止住嘴裏要喝水的；飯，是拿來滿足肚子餓的。

第二例（文）季札脫劍致徐之嗣君。從者止之，曰：「此吳國之寶，非所以贈也。」

（語）季札解下寶劍來交給徐國的王子。僕人勸住他說：「這是吳國的寶物，不是拿來送人的。」

第三例（文）人之所以異於禽獸者，智與德而已。

（語）人的拿來不同那禽獸的東西，聰明和道德罷了。

（注意）

一、這個「所以」的位置，放在語句的頭上或中間。

二、這個「所以」的用法，如果拿的事物放在「所以」兩字的上方，語體就說「是拿來」例如：

（文）茶，所以止渴者。
（語）茶，是拿來止住嘴裏要喝水的。
｝拿的「茶」在「所以」的上方。

（文）此吳國之寶，非所以贈也。
（語）這是吳國的寶物，不是拿來送人的。
｝拿的「此吳國之寶」在「所以」的上方。

如果拿的事物放在「所以」兩字的下方，語體就說「拿來」。例如：

（文）人之所以異於禽獸者，智與德而已。
（語）人的拿來不同那禽獸的東西，聰明和道德罷了。
｝拿的「智與德」在「所以」的下方。

（練習）

一、窗這個東西，是拿來取光透風的東西呢。

二、彼演講之所以引人入勝者，善用譬喻耳。

【所謂】

（解釋）相當於語體的「說的」或「說的甚麼」。

（用法舉例）

第一例（文）效伯高不得，猶為謹飭之士，所謂「刻鵠不成尚類鶩」者也。

（語）仿效龍伯高不成功，還可以做個謹慎的人，俗語說的「刻鵠不成尙類鶩」就是。

第二例（文）文言所謂「謟」，余不解其所謂；或曰：

「即俗所謂「拍馬屁」也。」

（語）文言說的「謟」字，我不明白牠說的甚麼。有人說：「就是俗語說的『拍馬屁』呢。」

第三例（文）齊景公問晏子曰：「今日寡人出獵，上山則見虎，下澤則見蛇，殆所謂不祥也。」

（語）齊景公問晏子說：「今天我出去打獵，走上山就看見老虎，走下水邊就看見蛇，大約就是俗語說的「不祥」吧。」

（注意）這個「所謂」的位置，在語句的頭上、中間或末尾，都可以放得。

（練習）

一、古話說的「履」，就是俗話說的「鞋」呢。

二、所謂仁者，愛人無私也。

【其】用法1

（解釋）相當於語體的「他的」（或「她的」「牠的」「它的」）。

（用法舉例）

第一例（文）窗外有棗林，其下有雛雀習飛。

（語）窗外有許多棗樹，牠的下面有小雀兒學習飛行。

第二例（文）五月子者，長與戶齊，將不利於其父母。

（語）五月初五生的兒子，這個人長大起來和門一樣高，恐怕沒有好處在他的父母身上。

第三例（文）人有鬻矛與盾者，譽其盾之堅，物莫能陷也。俄而又譽其矛曰：「吾矛之利，物無不陷也。」

（語）人有出賣矛和盾的，稱贊他的盾的堅

固，說是沒有東西能够刺破牠的。不多時，又稱贊他的矛說：「我的矛的銳利，不論甚麼東西都可以刺破的。」

（注意）

一、這個「其」字的位置，放在語句的中間或頭上。下面要緊接名詞或形容詞、副詞。

二、這個「其」字的用法，有時並不是說別人卻是說自己。因爲對着別人不好說自己，就故意把自己當作第三者。舉例如下：

（文）如蒙不棄，不以其愚而督敎之，幸甚。

（語）如果承蒙你不丟棄我，不因爲他的愚笨能够督責敎訓他，好極了。

（練習）

一、我愛他的才能，因此敬重他。

二、剖瓜爲五份，彼得其三，我得其二。

【其】用法2

（解釋）相當於語體的「他」（或「她」「牠」「它」）。

（用法舉例）

第一例（文）其就業也，余嘗囑其努力學習。

（語）他學習職業的時候，我曾經吩咐他盡力學習。

第二例（文）余既放魚於小池，憐其不得所，復移放於大湖。

（語）我既然放魚在小池裏，可憐牠不能得到適宜地方，又搬放在大湖裏。

第三例（文）陳堯咨善射。賣油翁見其發矢十中八九，但微頷之。堯咨問曰：「吾射不亦精乎？」翁曰：「無他，但手熟爾！」

（語）陳堯咨很會射箭。賣油翁看見他射箭十枝裏中了八九次，只是略微點點頭。堯咨問道：「我射箭的本領不是也算得很好嗎？」賣油翁說：「沒有別種道理，只是手法很熟罷了！」

（注意）

一、這個「其」字的位置，放在語句的中間或頭上。

二、這個「其」字的用法，和「其1」不同的地方，是「其」字下面緊接的是動詞，不是名詞、形容詞和副詞。

三、這個「其」字的用法，可以用「彼」字來代替。上面三個例子，把「其」字改作「彼」字，句句可通。

四、這個「其」字的用法，如果說話裏「他」字下面緊接的是介詞、連詞、助詞、歎詞，就不能够用「其」，一定要用「彼」。舉幾個例子在下面：

哉—(語)我爲甚麼怕他呢？
(文)我何畏彼哉？
(文)我何畏其哉？(不通)

雖—(語)他儘管身體矮小，卻是力氣很大。
(文)彼雖身材短小，而體力甚大。
(文)其雖身材短小，而體力甚大。(不通)

之—(語)他的學問見識。
(文)彼之學識。
(文)其之學識。(不通)

也—(語)講到學問，我不及他呢。
(文)論學問，我不如彼也。
(文)論學問，我不如其也。(不通)

乎—(語)我打算愛他嗎？
(文)余將愛彼乎？
(文)余將愛其乎(不通)

矣—(語)我既然愛他了，怎麼可以丟掉他。
(文)我既愛彼矣，何可棄之。
(文)我既愛其矣，何可棄之。(不通)

者—(語)他尚且不懂，還說學力不及他的人嗎？
(文)彼且不知，況學力不如彼者乎？
(文)彼且不知，況學力不如其者乎？(不通)

則—(語)我已經升學，他卻是去習業。
(文)余已升學，彼則就業。
(文)余已升學，其則就業。(不通)

耶—(語)接待他呢？還是不見他呢？

(文)迎彼耶？抑拒彼耶？

(文)迎其耶？抑拒其耶？（不通）

豈—(語)他難道不動心嗎？

(文)彼豈不動心乎？

(文)其豈不動心乎？（不通）

蓋—(語)他大約不懂得呢。

(文)彼蓋不知也。

(文)其蓋不知也。（不通）

且—(語)他倘且不懂，還說學力不及他的人嗎？

(彼)彼且不知，況學力不若彼者乎？

(其)其且不知，況學力不若彼者乎？（不通）

而—(語)他如有信用，一定不失約。

(文)彼而有信，必不失約。

(文)其而有信，必不失約。（不通）

五、這個「其」字的用法，有時並不說別人卻是說自己。因爲對着別人不好說自己，就故意把自己當作第三者。舉例如下：

(文)前日失言，有損尊嚴，倘望恕其無心，勿加之罪。

(語)前天說錯了話，傷害了你的尊貴和威嚴，還望你原諒他不是故意的，不要拿罪名來責備他。

(練習)

一、我聽他唱歌，忽然聲音低，忽然聲音高，很合音樂高低的聲調。

二、我見其讀書一目十行，因知其聰慧過人。

【其】用法3

(解釋)相當於語體的「那」或「那個」。

(用法舉例)

第一例(文)數年以前，其時有一奇丐，其人頗孝。

(語)在幾年的前頭，那時候有一個奇怪的乞丐，那個人很孝順。

第二例(文)人苟無名譽心則已；苟有名譽心，則雖有千百難事橫於前途，以遮斷其進路，而鼓其勇氣，終必能排除之。

(語)人如果沒有名譽心就罷了；如果有名譽心，那麼儘管有許許多多的難事情橫在前面，拿來遮斷那向前的路，卻是激動他的勇氣，到底一定能够排除牠。

第三例(文)燕客遊於吳市，聞吳中有小木匠者，意必童稚而能藝者也；覘其人，則睅而皤，于思而斑白。怪而問於彭子。

(語)燕地的客人在吳地的市街上逛，聽得吳地有名叫小木匠這個人，心裏想一定是年紀輕並且技藝精的人啊：等到看見那個人，卻是眼睛突出並且肚子凸起，鬍鬚很多並且頭髮花白。心裏奇怪就去問在彭先生那裏。

(注意)

一、這個「其」字的位置，放在語句的中間或頭上，不可以放在末尾。

二、這個「其」字的下面，必須緊接名詞。

(練習)

一、那個地方不可以住，因爲四面的鄰居大都是做強盜的緣故。

二、我見其人，必嚮往之。

【其】用法4

(解釋) 相當於語體的「你難道」「你們難道」或「你打算」「你們打算」或「希望你」或「希望你們」。

(用法舉例)

第一例(文)弟欲遠行，邀兄爲伴，兄，其有意乎？

(語)我想到遠地方去，約老兄做伴侶，老兄，你難道有這個意思嗎？

第二例(文)田校長勉爾力學，爾，其無負田校長之盛意也。

(語)田校長勸你努力求學，你啊，希望你不要辜負田校長的殷勤的情意呢。

第三例（文）河曲智叟笑北山愚公曰：「甚矣！汝之不惠。以殘年餘力，曾不能毀山之一毛，其如土石何！」

（語）河曲智叟譏笑北山愚公說：「到極點了哪！你的不聰明。用你剩餘的年紀和力氣，簡直不能够損傷山上的一根草，你打算把泥土石塊怎麼樣呢！」

（注意）

一、這個「其」字的位置，放在語句的頭上。如果放在語句的中間，要和上一字可以讀斷。

二、這個「其」字的用法，相當於「豈」「希」「將」，就是語體的「難道」「希望」「打算」；不過應當附加一個第二稱的代名詞，說成「你難道」「你們難道」「希望你」「希望你們」「你打算」「你們打算」。

三、這個「其」字的用法，在「其」字上面大都有一個代名詞。這個代名詞，是向着對方呼喚一聲的意思，應作一個停頓。例如：

1兄，其有意乎？

2爾，其無負田校長之盛意也。

但是在「其」字上面，沒有代名詞也可以。例如：

3 ？。其如土石何？

（練習）

一、學問沒有終點，孩子，希望你記住這句話。

二、此次足球大賽，君其無意參加乎？

【況】用法1

（解釋）相當於語體的「還說」或「還要說」。

（用法舉例）

第一例（文）謹慎從事，尙慮難成，況輕率乎？

（語）小心做事情，尙且怕不容易成功，還說粗心嗎？

第二例（文）母猿爲獵人射死，猿子悲鳴不已。嗟夫！猿爲獸類，尙且有母，況人也耶？

（語）母猿被打獵的人射死了，小猿悲傷地叫個不停。可歎哪！猿是獸類，倘且知道有母親，還要說是人類嗎？

第三例（文）大禹之聖，且惜寸陰；陶侃之賢，且惜分陰：況聖賢不若彼者乎？

（語）像大禹這樣人格高尙，尙且愛惜寸陰；像陶侃這樣德行好，尙且愛惜分陰；還要說人格德行不及他們的人嗎？

（注意）

一、這個「況」字的位置，放在語句的頭上。在這語句的上面，要有別的語句。

二、這個「況」字的用法，在語句的末尾，大都附有疑問助詞。

三、這個「況」字的用法，和「況乎」差不多，不過用了「況乎」，末尾就不必用疑問助詞。

（練習）

一、粗飯還不能得到，還說山裡海裡的珍貴食品嗎？

二、治家且不可專制，況治國乎？

【況】用法2

（解釋）相當於語體的「再說」或「況且」或「還有一點」。

（用法舉例）

第一例（文）其人形貌兇惡，已屬可憎；況出言粗俗，益令人不欲近焉。

（語）那個人相貌兇惡，已經是可恨；還有一點，說話粗俗，更加教人不願意接近他。

第二例（文）烟爲嗜好品，吸者日耗金錢；況烟中含有毒質，吸之傷腦，於身體亦屬無益。

（語）烟是嗜好品，吸的人天天消費金錢；況且烟裏面含有毒質，吸了牠損傷腦筋，在身體方面也是沒有好處。

第三例（文）星期有暇，宜遊田園，可以怡神，可以養性；況採集動植物作標本，又可供自然科研究之用。

(語)星期日有閒空的時候，應當到田裏園子裏去逛逛，可以快樂精神，可以涵養性情；再說採集動植物做標本，又可以供給自然科研究的用途。

(注意)

一、這個「況」字的位置，放在語句的頭上。在「況」字的上下文，有兩層意思平列着。

二、這個「況」字的用法，和「且2」一樣，可以換用。

(練習)

一、你搶他的球，已經是不合規矩；再說用拳頭打他，眞是大大的錯了。

二、其人一次不守規則，理當受罰；況被罰而再犯，自非重罰不可。

【倘】

(解釋) 相當於語體的「還」或「尙且」。

(用法舉例)

第一例(文)天尙未晚也，君已就寢，何哉？

(語)天還沒有夜啊，你已經睡覺，爲甚麼呢？

第二例(文)兄在室中溫課。弟趨至，曰：「外有猴戲，盍往觀之？」兄曰：「我溫課尙未完畢，何暇外出遊玩耶？」

(語)哥哥在家裏溫課，弟弟很快的走來，說：「外面有猴子做把戲，怎麼不去看牠？」哥哥說：「我溫課尙且沒有完畢，有甚麼閒空走到外面去遊玩呢？」

第三例(文)讀書固要，蓋人之常識，多由讀書得之；然求學之目的，尙不止此，如：鍛鍊身體，修養德性，練習治事，在在均應注意也。

(語)讀書本來要緊，因爲人的常識，大都從讀書得到牠；可是求學的目的還不只是這一點，像：鍛鍊身體，修養德性，練習辦事，處處都應該注意的。

(注意)

一、這個「尙」字的位置，放在語句的中間或頭上。在這語句的上面下面都要有別個語句。

二、這個「尙」字的用法，和「猶1」一樣。

(練習)

一、罰了你，你尙且不知道羞辱，眞是不可教訓了。

二、自晨至晚，彼尙未得一餐，殊可憐也。

【固】用法1

(解釋)相當於語體的「本來」或「實在是」。

(用法舉例)

第一例(文)寡固不可敵衆，弱固不可敵强。

(語)人少本來不可抵當人多，軟弱本來不可以抵當强大。

第二例(文)此事余無暇過問，固不悉原委，張君告我云爾。

(語)這件事我沒有閒空去查問，本來不明白原來的底細情形，張君告訴我說這樣。

第三例(文)有畫蛇而添足者，其友曰：「蛇固無足，君安能爲之足？」

(語)有個畫了蛇又添畫脚的人，他的朋友說：「蛇實在是沒有脚，你怎麼可以替牠畫起脚來？」

(注意)這個「固」字的位置，放在語句的頭上或中間。

(練習)

一、人的力氣本來抵不過老虎，你怎麼可以同老虎鬥力氣呢？

二、今固敗矣，日後猶可補救。

【固】用法2

（解釋）相當於語體的「仍舊」或「依然」。

（用法舉例）

第一例（文）其人形體雖死，精神固未死也。

（語）那個人身體儘管死，精神仍舊沒有死呢。

第二例（文）事已失敗，雖盡力補救，固無益也。

（語）事情已經弄壞，儘管用全力補救，依然沒有好處的。

第三例（文）多年失學，知識缺乏；但能急起補習，則所缺乏之知識，固有補充之一日也。

（語）好幾年沒有受教育，知識缺少；只要能夠趕快起來補習，那麼缺少的知識，仍舊有補足的一天的。

（注意）這個「固」字的位置，放在語句的中間或頭上，在這語句的上面要有別的語句。

練習

一、那個人品性太壞了，即使有嚴厲的老師監督教訓他，仍舊沒有法子使他改好。

二、某君家業素稱小康，以長期失業，遂致貧困；但得有人介紹而得業，固不難恢復原狀也。

【或】用法1

（解釋）相當於語體的「有人」。

（用法舉例）

第一例（文）或告井底蛙曰：「天之大，無所不包。」蛙不信，以爲妄。

（語）有人告訴井底蛙說：「天的大，沒有地方不包括在內。」井底蛙不信，拿來當做胡說。

第二例（文）或曰：「飛鳥縮頸則展足，縮足則展頸，無兩展者。」驗之信然。

（語）有人說：「飛着的鳥，縮緊了脖子就張開脚，縮緊了脚就伸長脖子，沒有兩種同時伸開的。」試試牠確實是這樣。

第三例（文）生而盲者不識日，問之有目者。或告之曰：「日之狀如銅盤，日之光如燭。」

（語）出世就瞎了眼睛的人，不知道太陽是怎麼樣的，把這件事去問有眼睛的人。有人告訴他說：「太陽的形狀像銅盤，太陽的光亮像蠟燭。」

（注意）這個「或」字的位置，放在語句的頭上。

（練習）

一、有人對姓張的說：「學問沒有終點，所以讀書應該努力。」

二、或曰：「鸚鵡能效人言」，有諸？

【或】用法2

（解釋）相當於語體的「有的」。

（用法舉例）

第一例（文）河中有帆船，或大或小，或來或去。

（語）河裏有帆船，有的大，有的小；有的來，有的去。

第二例（文）公園中，遊人多。或散步，或並坐，或密談。

（語）公園裏，遊人多得很。有的散步，有的並坐，有的秘密談話。

第三例（文）一擔上，插糖製玩物。其狀：或如鼠偷油，或如猴捧果。

（語）有一個擔子上，插着糖做的玩物。牠的形狀：有的像老鼠偷油，有的像猢猻捧果子。

（注意）這個「或」字的位置，放在語句的頭上。

（練習）

一、學生在晚上自修，有的讀書，有的寫字，有的鈔筆記，有的做日記。

二、或生而知之，或學而知之，或困而知之，及其知之一也。

【或】用法3

（解釋）相當於語體的「也許」。

（用法舉例）

第一例（文）笛，余不能吹；口琴，或可一試。

（語）笛，我不會吹；口琴，也許可以試一試。

第二例（文）其人或來或不來，視輪船開否而定。

（語）那個人也許來也許不來，看輪船開不開纔決定。

第三例（文）余至濟南後，如有機會，或赴曲阜一行，瞻仰孔林。

（語）我到了濟南以後，如果有機會，也許到曲阜去一趟，仰着臉兒看看孔林的聖蹟。

（注意）這個「或」字的位置，放在語句的頭上或中間。

（練習）

一、這件事也許可以成功，看你的努力怎樣罷了。

二、明日當能踐約，惟臨時如有事故，或不能分身前來。

【果】

（解釋）相當於語體的「確實」或「眞的」。

（用法舉例）

第一例（文）或曰：「雞寒上距。」試之果然。

（語）有人說：「雞遇到天冷就要縮起一隻脚。」試試牠眞的是這樣。

第二例（文）君以爲頗可一觀。果爾，余擬抽暇前往，一擴眼界矣。

（語）你覺得很可以一看。眞的這樣，我想抽出閒工夫到前邊去，放大放大眼界了。

第三例（文）余留蚊於素帳中，徐噴以烟，使之冲烟而飛鳴，作靑雲白鶴觀；果如鶴唳雲端，爲之怡然稱快。

（語）我捉住許多蚊子在白色的帳子裏，慢慢地用烟噴進去，使牠們沖着烟飛着叫着，當做靑雲白鶴的看法；確實像仙鶴叫在雲端裏，我爲了牠們快樂的樣子叫好。

（注意）

一、這個「果」字的位置，放在語句的頭上或中間。

二、這個「果」字的用法，和「誠」字一樣。

（練習）

一、我們讀書眞的能够盡力，一定有很好的成績。

二、果能以虛耗之金錢，移而救濟貧民，則功德無量矣。

【奈何】

（解釋）相當於語體的「怎麼樣」或「怎麼樣呢」。

（用法舉例）

第一例（文）大勢已去，將奈何？

（語）大勢已經完了，打算怎麼樣？

第二例（文）一飯十金，一衣百金，一室千金，奈何不至貧且匱也！

（語）一餐飯用去十兩銀子，一件衣用去一百兩銀子，一間屋用去一千兩銀子，怎麼樣不弄到窮苦又缺乏的地步哪！

第三例（文）張兒見水缸中有明月，以竿攪之；水動，月光散亂。驚曰：「月破矣，奈何？」其姊聞之，曰：「此非眞月，乃月影也。」

（語）姓張的孩子看見水缸裏有個月亮，用竹竿攪動牠；水動了，月亮光就散亂。突然害怕地說：「月亮碎了，怎麼樣呢？」他的姊姊聽見了這話，說：「這不是眞的亮月，是月亮的影子呢。」

(注意)

一、這個「奈何」的位置，放在語句的頭上或末尾。

二、這個「奈何」的用法，也可以改用「奈之何」。

三、這個「奈何」，如果放在語句的頭上，改用「何爲」也可以。

(練習)

一、大局已去，可奈何？

二、此事尙有可爲，奈何隱而不仕？

九畫

【則】用法1

(解釋) 相當於語體的「那麼」。

(用法舉例)

第一例(文)我敬人，則人亦敬我；我愛人，則人亦愛我。

(語)我敬重別人，那麼別人也敬重我；我愛

別人，那麼別人也愛我。

第二例(文)天下事有難易乎？爲之，則難者亦易矣；不爲，則易者亦難矣。

(語)世界上的事情有難和容易嗎？肯做牠，那麼難的事情也容易了；不做，那麼容易的事情也難了。

第三例(文)人苟無名譽心則已；苟有名譽心，則雖有千百難事橫於前途，以遮斷其進路，而鼓其勇氣，終必能排除之。

(語)人如果沒有名譽心就罷了；如果有名譽心，那麼儘管有許許多多的難事情橫在前面，來遮斷那向前的路，卻是激動他的勇氣，到底一定能够排除牠。

(注意) 這個「則」字的位置，必須放在第二個語句的頭上，和第一個語句緊接。

(練習)

一、有了病，那麼一定要去醫治。

二、人之爲學有難易乎？學之，則難者亦易矣；不學，則易者亦難矣。

【則】用法2

（解釋） 相當於語體的「就」。

（用法舉例）

第一例（文）飢則思食，渴則思飲。

（語）餓了就想吃，渴了就想喝。

第二例（文）齊景公問晏子曰：「今日寡人出獵，上山則見虎，下澤則見蛇，殆所謂不祥也。」

（語）齊景公問晏子說：「今天我出去打獵，走上山就看見老虎，走下水邊就看見蛇，大約就是俗語說的『不祥』。」

第三例（文）予每隆冬讀書，至四鼓，體極寒，不能寐，則起舞劍；一再行，體熱如火，然後就臥，枕席俱溫矣。

（語）我常在很冷的冬天讀書，到四更時候，身體很冷，不能夠睡着，就起來舞劍；舞了一二次，身體熱得像火一般，才去睡覺，枕頭褥子全都溫煖了。

（注意） 這個「則」字的位置，和「則1」相同。

（練習）

一、客人來，就迎接他；客人去，就送他。

二、陸行則用車，水行則用舟。

【則】用法3

（解釋） 相當於語體的「就會」或「就要」。

（用法舉例）

第一例（文）爲師者循循善誘，學生則敬之。

（語）做教師的有次序的樣子很會引導，學生就會敬重他。

第二例（文）一日不食則飢，三日不食則病，七日不食則死。

（語）一天不吃就要餓，三天不吃就要害病，七天不吃就要死。

第三例（文）子曰：「學而不思則罔；思而不學則殆。」

（語）孔子說：「求學問如果不用心想，就要茫然得不到眞理；只管用心想如果不求學問，就要精神疲倦。」

（注意） 這個「則」字的位置，放在語句的中間，但是和「則」字上面的詞語可以讀斷。

（練習）

一、人有了病如果不去醫，就要死。

二、人不學，則愚。學，則智。

【則】用法4

（解釋） 相當於語體的「卻是」或「卻」。

（用法舉例）

第一例（文）人皆跳繩，我則拍球。

（語）別人都跳繩，我卻拍球。

第二例（文）黔無驢，有好事者舡載以入。至則無可用，放之山下。

（語）貴州地方沒有驢子，有一個喜歡生事的人用船把驢子載進去。驢子到了貴州地方卻是沒有用處，就趕牠到山下面去。

第三例（文）燕客遊於吳市，聞吳中有小木匠者，意必童稚而能藝者也；視其人，則睥而皤，於思而斑白。怪而問於彭子。

（語）燕地的客人在吳地的市街上逛，聽得吳地有名叫「小木匠」這個人，心裏想一定是年紀輕並且技藝精的人啊；等到看見那個人，卻是眼睛突出並且肚子凸起，鬍鬚很多並且頭髮花白。心裏奇怪就去問在彭先生那裏。

（注意） 這個「則」字的位置，必須放在語句的中間，并且和上面的字不可以讀斷。

（練習）

一、在早晨，大家都不讀書，我卻是讀書。

二、路遇一盲者，人皆笑之，我則扶之過橋。

【者】用法1

（解釋） 相當於語體的「的人」。

（用法舉例）

第一例（文）出售貨物者，多利用廣告，擴充銷路。

（語）出賣貨物的人，大都利用廣告，擴充銷路。

第二例（文）生而盲者不識日，問之有目者。或告之曰：「日之狀如銅槃，日之光如燭。」

（語）出世就瞎了眼睛的人不知道太陽是怎麼樣的，把這件事去問有眼睛的人。有人告訴他說：「太陽的形狀像銅盤，太陽的光亮像蠟燭。」

第三例（文）黔無驢，有好事者舡載以入。至則無所用，放之山下。

（語）貴州地方沒有驢子，有一個喜歡生事的人用船把驢子載進去。驢子到了貴州地方卻是沒有用處，就趕牠到山下面去。

（注意） 這個「者」字的位置，大都放在語句的末尾。如果放在一句的中間，和下文要能夠讀斷。

（練習）

一、敬重別人的人，別人也敬重他。

二、有出售玩具者，振鈴以吸引觀衆。

【者】用法2

（解釋） 相當於語體的「的事情」。

（用法舉例）

第一例（文）今日開會，議定者五件，未決者一件。

（語）今天開會，議定的事情五件，沒有決定的事情一件。

第二例（文）天下事有難易乎？不爲，則易者亦難矣，爲之，則難者亦易矣。

(語)世界上的事情有難和容易嗎？不做，那麼容易的事情也變成難的了；做牠，那麼難的事情也變成容易的了。

第三例(文)交際上可賀之事甚多，如老人壽誕，如小兒彌月，如店肆開張，皆屬可賀者。

(語)交際方面可賀的事情很多，像老年人做壽，像小孩子滿月，像商店開張，都是可賀的事情。

(注意) 這個「者」字的位置，和「者1」一樣。

(練習)

一、好的事情提倡牠，不好的事情除去牠。

二、慶賀弔唁，爲交際上所不可忽者。

【者】用法3

(解釋) 相當於語體的「的東西。」

(用法舉例)

第一例(文)能發光者，日也。

(語)能够發光的東西，太陽就是。

第二例(文)平時希望者，今果得之。

(語)平常時候希望的東西，今天果然得到牠。

第三例(文)賀喜時可用爲禮品者，有銀盾，有緞幛，有……。

(語)賀喜時候可以用做禮物的東西，有銀盾，有緞幛，有……。

(注意) 這個「者」字的位置，和「者1」一樣。

(練習)

一、甜的東西，我喜歡吃；鹹的東西，我不喜歡吃。

二、今所購者，書籍與文具也。

【者】用法4

(解釋) 相當於語體的「的時候」。

(用法舉例)

第一例（文）聞君一席話，余知向者所爲之誤矣。

（語）聽見了你一次的說話，我明白從前的時候做的事情的錯誤了。

第二例（文）頃者余自滬歸，讀君來書，藉悉近況。

（語）現在的時候我從上海回來，讀到你的來信，因此明白你近來的情形。

第三例（文）昔者吾舅死於虎，吾夫又死焉，今吾子又死焉。

（語）從前的時候，我的公公死在老虎嘴裏，我的丈夫又死在那裏，現在我的兒子又死在那裏。

（注意）這個「者」字的位置，和「者1」一樣。

（練習）

一、從前的時候我沒有受教育，因爲家裏境況不好的緣故。

二、古者男子年二十而冠。謂之成人。

【者】用法5

（解釋）相當於語體的「的地方」。

（用法舉例）

第一例（文）高者爲山，低者爲水。

（語）高的地方是山，低的地方是水。

第二例（文）我國產絲最多者，爲江蘇、浙江二省。

（語）我國出絲最多的地方，是江蘇、浙江兩省。

第三例（文）因路政不修，街面有凸者，有凹者。

（語）因爲管理道路的事情不修理，街面上有凸起的地方，有凹下的地方。

（注意）這個「者」字的位置，和「者1」一樣。

（練習）

一、我寄宿的地方，在樓下的一間。

二、我國產鉡最富者，爲贛南諸縣。

【者】用法6

(解釋)　相當於語體的「的意思」。

(用法舉例)

第一例(文)精確者，即無一不合之謂。

(語)精確的意思，就是沒有一點兒不合的講法。

第二例(文)自由者，法律範圍以內，憑巳意行動而不受人之拘束也。

(語)自由的意思，是在法律範圍的裏頭，任憑自己的 意思行動却是 不受別人的拘束。

第三例(文)淮南有諺曰：「雞寒上樹，鴨寒下水。」蓋謂雞鴨倘遇天寒，或上樹，或下水，以避寒也。有人留意察之，殊不驗。詢諸人，亦莫能解。後遇一嫗，嫗曰：「此音訛耳。當作『雞寒上距，鴨寒下嘴。』『上距』者，縮一足，『下嘴』者，以嘴插翼中也。」試之果然。

(語)淮南有句俗語說：「雞寒上樹，鴨寒下水。」大約是說雞鴨如果遇到天氣冷，有的走上樹，有的走下水，拿來避開冷氣呢。有個人留心看牠們，實在不符合。問在別人那裏，也不能够解釋。後來遇到一個老婦人，老婦人說：「這是字音弄錯罷了。應該說是『雞寒上距，鴨寒下嘴。』『上距』的意思，就是縮起一隻脚；『下嘴』的意思，就是把嘴插進翅膀裏。」試試牠眞的是這樣。

(注意)　這個「者」字的位置，和「者1」一樣。

(練習)

一、失算的意思，是對於某種事情沒有計算到。

二、主動者，即依巳意而行動之謂。

【者】用法7

（解釋） 相當於語體用來指定甚麼的「的」。

（用法舉例）

第一例（文）布爲工人織者，棉爲農人植者。

（語）布是工人織的，棉花是農人種的。

第二例（文）有兩虎爭人而鬬者，管莊子將刺之。

（語）有兩隻老虎因爲爭奪一個人就打架起來的，管莊子打算去刺牠們。

第三例（文）有婦人哭於墓者，哀。子路問之曰：「子之哭也，壹似重有憂者。」

（語）有個婦人在墳墓旁邊哭的，十分悲傷。子路問她說：「你這樣哭啊，好像是有很大的痛苦的。」

（注意）這句「者」字的位置，必須放在語句的末尾。

（練習）

一、漢朝分前後，也有因爲牠們建都地方的不同，叫做西漢、東漢的。

二、廣告之法，不限於登報，如招貼，如傳單，凡足以促人注意者，皆廣告之類也。

【者】用法8

（解釋） 相當於語體的「這個人」。

（用法舉例）

第一例（文）河南樂羊子之妻者，不知何氏之女也。

（語）河南地方樂羊子的妻這個人，不知道是誰家的女兒。

第二例（文）王莽時，有巨無霸者，高丈，大十圍。

（語）在王莽的時候，有名叫巨無霸這個人，身長一丈，腰大十圍。

第三例（文）如王三省者，服務勤勉，見義勇爲，身體健康，學業優良，一模範學生也。

（語）像王三省這個人，做事勤快勉力，看見該做的事就勇敢地去做，身體健康，學業優良，是一個模範學生哪。

(注意) 這個「者」字的位置，必須放在語句的末尾，下面還要緊接着別的語句。

(練習)

一、蔣伯才這個人，就是我的同學。

二、唐太宗者，英明之主也。

【者】用法9

(解釋) 相當於語體的「這件事情」。

(用法舉例)

第一例(文)讀書者，求知之捷徑也。

(語)讀書這件事情，尋找知識的近路就是。

第二例(文)旅行者，足以廣見聞，增閱歷，於身心亦有大益。

(語)旅行這件事情，可以擴大見聞，增加閱歷，在身體精神方面也有很大的好處。

第三例(文)耕者，乃春日之農事；耘者，乃夏日之農事。

(語)翻鬆泥土這件事情，是春天的農事；除去雜草這件事情，是夏天的農事。

(注意) 這個「者」子的位置，和「者8」一樣。

(練習)

一、衞生這件事情，達到健康的要道就是。

二、收者，乃秋日之農事；藏者，乃冬日之農事。

【者】用法10

(解釋) 相當於語體的「這個東西」。

(用法舉例)

第一例(文)收條者，筆據之一也。

(語)收條這個東西，就是筆據的一種。

第二例(文)虎者，戾蟲；人者，甘餌也。

(語)老虎這個東西，就是貪吃的蟲；人這個東西，就是老虎認爲香甜的食品。

第三例(文)楚之南有「冥靈」者，以五百歲爲春，五百歲爲秋；上古有「大椿」者，以八千歲爲春，八千歲爲秋。

（語）楚國的南部有「冥靈」這個東西，拿五百年當做春季，拿五百年當做秋季；最古時候有「大椿」這個東西，拿八千年當做春季，拿八千年當做秋季。

（注意）這個「者」字的位置，和「者8」一樣。

（練習）

一、耳朶這個東西，管理聽的器官就是。

二、枷者，古之刑具也。

【者】用法11

（解釋）相當於語體的「這個時候」。

（用法舉例）

第一例（文）傍晚者，天將黑之時也。

（語）傍晚這個時候，天快要黑的時候就是。

第二例（文）春者，乃一歲之始，冬者，乃一歲之終。

（語）春天這個時候，是一年的開頭；冬天這個時候，是一年的結束。

第三例（文）頃者，余自校歸家，路見一弄猴者，令猴騎羊背爲戲。

（語）剛纔這個時候，我從學校回到家裏，在路上看見一個玩弄猴子的人，叫猴子騎在羊背上做戲。

（注意）這個「者」字的位置，和「者8」一樣。

（練習）

一、午刻這個時候，白天十一點鐘零分到一點鐘的時候就是。

二、平旦者，日球初出地平線之時也。

【者】用法12

（解釋）相當於語體的「這個地方」。

（用法舉例）

第一例（文）上海者，我國之大商埠也。

（語）上海這個地方，就是我國的大商埠。

第二例（文）江蘇吳縣有周莊鎮者，一水鄉也。

（語）江蘇省吳縣有周莊鎮這個地方，一個水鄉就是。

第三例（文）江西省有湖口縣者，當江湖之衝，險要地亦名勝地也。

（語）江西省有湖口縣這個地方，恰在長江和鄱陽湖的緊要地點，險要的地方也是名勝的地方哪。

（注意）這個「者」字的位置，和「者8」一樣。

（練習）

一、漢北這個地方，天氣寒冷生活不容易的地方就是。

二、漢口者，屬湖北省，為我國中部之大商埠。

【者】用法13

（解釋）相當於語體的「這句話」。

（用法舉例）

第一例（文）「念茲在茲」者，即念念不忘所事之謂。

（語）「念茲在茲」這句話，就是念念不忘做的事情的講法。

第二例（文）「量入為出」者何？即以每年收入之額為準，定支出之數也。

（語）「量入為出」這句話是甚麼？就是把每年收入的款子做標準，定支出的數目呢。

第三例（文）弟見「宋本」二字，問兄曰：「『宋本』者，殆宋姓之書本歟？」兄曰：「非也，宋代雕刻之書本耳。」

（語）弟弟看見「宋本」兩個字，問哥哥說：「『宋本』這句話，大約是宋家的書本吧？」哥哥說：「不是的，宋朝時候雕刻印刷的書本就是了。」

（注意）這個「者」字的位置，和「者8」一樣。

（練習）

一、「養虎傷身」這句話，就是養活手下的壞人卻是害了自己的講法。

二、「打油詩」者，俚俗之詩也。

【者】用法14

（解釋） 相當於語體的「甚麽緣故呢」。

（用法舉例）

第一例（文）彼不愛摔角者，體力不勝也。

（語）他不喜歡摔角甚麽緣故呢？體力禁不起的緣故。

第二例（文）余每晨習字者，期書法之進步也。

（語）我每天早晨練習寫字甚麽緣故呢？希望書法的進步哪。

第三例（文）虎用力而不用智。力之用一，智之用百，以一敵百，雖猛不能勝；故人之爲虎食者，有智而不能用也。

（語）老虎會用力氣，卻是不會用智慧。力氣的功効譬如是一，智慧的功効就是一百，拿一來抵當一百，儘管兇猛，不能得到勝利；所以人的給老虎吃掉甚麽緣故呢？是有了智慧卻是不能够利用的緣故。

（注意） 這個「者」字的位置，必須放在詞句的末尾，下面還要接着說明的詞句。

（練習）

一、學校風氣不好甚麽緣故呢？學生囂張的緣故。

二、余家每日記帳者，量入爲出，免家用之支絀也。

【者】用法15

（解釋） 相當於語體的「這」。

（用法舉例）

第一例（文）者回北遊，增長閱歷不少。

(語)這回到北方去逛，增加經歷不少。

第二例(文)細想從來，斷腸多處，不與者番同。

(語)仔細想想從以前到現在，悲傷到極點的有好些事情，卻和這回不同。

第三例(文)者番回鄉，獲晤舊雨多人，飲酒賦詩，竟無虛夕，亦樂事也。

(語)這次回到本鄉，得見老朋友好幾個，喝酒做詩，竟然沒有空過一夜，也是快樂的事情。

(注意) 這個「者」字的位置，放在語句的頭上或中間，不可放在語句的末尾。

(練習)

一、這次賽球，我們一級能夠打勝三球，也是徼幸的事情。

二、者番考試，弟幸獲前列，堪以告慰。

【故】用法1

(解釋) 相當於語體的「所以」(「因此」)。

(用法舉例)

第一例(文)爲其價尙不貴，故購之。

(語)因爲牠的價值還不貴，所以買牠。

第二例(文)夫天地之化，日新則不敝；故戶樞不蠹，流水不腐，誠不欲其常安也。

(語)論到天地的生化萬物，天天更新就不會壞；所以門軸不會蛀，流水不會臭，實在是不使牠常常安逸的緣故。

第三例(文)虎用力而不用智，力之用一，智之用百，以一敵百，雖猛不能勝；故人之爲虎食者，有智而不能用也。

(語)老虎會用力氣，卻是不會用智慧。力氣的功効譬如是一，智慧的功効就是一百，拿一來抵當一百，儘管兇猛不能得到勝利；所以人的給老虎吃掉甚麼緣故呢；是有了智慧卻是不能夠利用的緣故。

（注意）

一、這個「故」字的位置，放在語句的頭上或中間，在這語句的上面，要有說明原因的語句。

二、這個「故」字的用法，和「所以」「是故」「是以」等都是一樣，大概都可以換用。

（練習）

一、天快要下雨了，所以我想要出門卻是停頓在半路上不前進呢。

二、人不學，不知義，故人不可不學也。

【故】用法2

（解釋）相當於語體的「緣故」或「的緣故」。

（用法舉例）

第一例（文）郝隆坦腹臥日中。人問其故。隆曰：「晒我腹中書耳。」

（語）郝隆放開肚子躺在太陽光裏。別人問牠的緣故。郝隆說：「晒晒我肚子裏的書呢。」

第二例（文）人之身體有強有弱，此無他，講衛生與不講衛生故耳。

（語）人的身體有強健的有軟弱的，這個沒有別的道理，懂得衛生和不懂得衛生的緣故就是了。

第三例（文）陸君竟日不發言。張君問之曰：「君何故竟日不發言？」陸君乃曰：「事已至此，尚何言哉？」

（語）陸君一天不說話。張君問他說：「你爲甚麼緣故一天不說話？」張君還纔說：「事情已經到了這樣，還說甚麼話呢？」

（注意）這個「故」字的位置，放在語句的末尾或中間。

（練習）

一、爲甚麼不進學校讀書，沒有學費的緣故就是。

二、無故而輟學，與不學何異。

【故】用法3

（解釋）相當於語體的「偏偏」或「偏要」或「有意」。

（用法舉例）

第一例（文）故殺之罪非輕。

（語）有意殺人的罪不輕。

第二例（文）彼明知故犯，不可赦也。

（語）他明明知道偏要觸犯，不可以免除他應得的罪的。

第三例（文）欲擒故縱，使人莫測所以。

（語）要想捉住他偏偏放他，敎別人料想不出究竟爲甚麼。

（注意）這個「故」字的位置，放在語句的頭上，或中間。

（練習）

一、要想拿牠，偏偏給牠。

二、法律上稱科刑重於罪者，曰故入；科刑輕於罪者，曰故出。

【耶（邪）】用法1

（解釋）相當於語體反問口氣的「嗎」或「呢」。

（用法舉例）

第一例（文）荀巨伯謂友人曰：「敗義以求生，豈荀巨伯所行耶？」

（語）荀巨伯對朋友說：「壞了義氣來希望活命，難道荀巨伯肯做的嗎？」

第二例（文）母猿爲獵人射死，猿子悲鳴不已。嗟夫！猿爲獸類，且知有母，況人也耶？

（語）母猿被打獵的人射死了，小猿悲傷地叫個不停。可歎哪！猿是獸類，尚且知道有母親，還要說是人類嗎？

第三例（文）徐君爲鄰人認所著履。徐君笑曰：「是君履耶？」即予之；後鄰人得所失履，送還。徐君曰：「非君履耶？」「笑而受之。

(語)徐君被鄰人誤認他穿的鞋子是自己的。徐君笑笑說：「這是你的鞋子嗎？」就把鞋子給他。後來鄰人找到了自己失去的鞋子，把徐君的鞋子送還。徐君說：「不是你的鞋子嗎？」笑了笑就接受牠。

(注意)

一、這個「耶」字的位置，必須放在語句的末尾。

二、這個「耶」字的用法，和「乎1」一樣，可以改用「乎」字。

(練習)

一、這是你的書嗎？怎麼不收藏牠在書箱裏呢？

二、傷心慘目，有如是耶？

【耶(邪)】用法2

(解釋) 相當於語體疑惑口氣的「呢」或「嗎」。

(用法舉例)

第一例(文)此字，余如此解釋，然耶否耶？

(語)這個字，我照這樣解釋，對呢不對呢？

第二例(文)君畢業後，升學耶？抑就業耶？

(語)你畢業以後，升學呢？還是去謀職業呢？

第三例(文)在此春假期中，宜南遊杭州耶？宜北遊揚州耶？請君為我決之。

(語)在這春假時期裏，應該南面去遊杭州嗎？應該北面去遊揚州嗎？請你替我決定牠。

(注意)

一、這個「耶」字的位置，必須放在語句的末尾。

二、這個「耶」字的用法，和「乎2」一樣，可以換用「乎」字。

(練習)

一、讀文科呢？還是讀理科呢？我一時竟然不能自已決定。

二、贈品有二，我取毛筆耶？抑取字帖耶？請爲我決定。

【哉】用法1

（解釋）相當於語體反問口氣的「呢」或「嗎」。

（用法舉例）

第一例（文）齊宣王曰：「嗟乎！君子焉可侮哉？寡人自取病耳。」

（語）齊宣王說：「唉！德行好的人那裏可以侮辱呢？我自己受辱就是了。」

第二例（文）虎之食人不恆見，而虎之皮人常寢處之，何哉？虎用力，人用智也。

（語）老虎的吃人不常看見，可是老虎的皮，人常常用牠做褥子，爲甚麼呢？是老虎用力氣，人用智慧的緣故。

第三例（文）公園既闢，吾人於業餘遊息其中，洵足使心神恬適，其有益於衞生，豈淺鮮哉？

（語）公園已經開闢，我們在業務餘暇時候遊玩休息在那裏，確實可以使精神快樂安適；牠的有益在衞生方面，難道很少嗎？

（注意）

一、這個「哉」字的位置，放在語句的末尾。

二、這個「哉」字的用法，和「乎1」一樣，可以換用「乎」字。不過「哉」字語氣重，「乎」字語氣輕，所以語氣重的宜用「哉」，不宜用「乎」；語氣輕的宜用「乎」，不宜用「哉」。舉例說明如下：

哉——何哉？（語氣重，宜用「哉」）

乎——何乎？（「乎」字語氣輕，用「乎」不妥。）

乎——可乎？（語氣輕，宜用「乎」）

哉——可哉？（「哉」字語氣重，用「哉」不妥。）

（練習）

一、讀書的好處，難道不大嗎？

二、固一世之雄也，而今安在哉？

【哉】用法2

（解釋）相當於語體的「哪」。

（用法舉例）

第一例（文）誠哉！是言也。

（語）確實哪！就是這句話。

第二例（文）子謂子賤：「君子哉！若人。魯無君子者，斯焉取斯？」

（語）孔子稱讚子賤說：「君子哪！這個人。魯國如果沒有君子這種人，這個子賤那裏去學成這個君子呢？」

第三例（文）子貢曰：「有美玉於斯，韞匵而藏諸？求善賈而沽諸？」子曰：「沽之哉！沽之哉！我待賈者也。」

（語）子貢說：「有一塊美玉在這裏，放在匣子裏拿去藏牠呢？還是等着高的價錢拿去賣掉牠呢？」孔子說：「賣掉牠哪！賣掉牠哪！不過我要等着相當價錢的呢。」

（注意）這個「哉」字的位置，放在語句的末尾。如果放在語句的中間，要和下面的字讀斷。

（練習）

一、勇敢哪！力氣能够用手擡起大香爐來。

二、大哉！聖人之道。

【相】用法1

（解釋）相當於語體的「大家」或「彼此」或「雙方」。

（用法舉例）

第一例（文）二人相約登山，競賽速力，以先登山頂者爲勝。

（語）兩個人彼此約定上山，比賽速力，拿先上山頭的當做勝利。

第二例（文）物與物相殘，人且惡之；乃有憑權位張爪牙殘民以自肥者，何也？

（語）物與物彼此傷害，人們尚且恨牠；卻是有種仗着權勢職位，顯示威力，傷害百姓來富足自己的人，爲甚麼哪？

第三例（文）蟋蟀性好鬥，與蟻相似；然蟻能合羣，鬥必以衆，公戰也；蟀蟋不愛羣，兩雄相值，卽不能相容，私戰也。

（語）蟋蟀的性質喜歡爭鬥，和螞蟻彼此很像；可是螞蟻會合羣，爭鬥起來一定用羣衆的力量，公戰就是；蟋蟀不愛羣，兩隻蟋蟀雙方遇到了，就不能够大家容忍，私戰就是。

（注意） 這個「相」字的位置，放在語句的中間或頭上，和下面的字要不能讀斷。

（練習）

一、站在湖邊遠望，水和天彼此接連，全是綠顏色沒有窮盡。

二、今天暫告別，明日再相逢。

【相】用法2

（解釋） 相當於語體對着自己說別人的「你」或「你們」。

（用法舉例）

第一例（文）一再相煩，頗抱不安。

（語）一次二次的麻煩你，心裏很覺得不安。

第二例（文）實不相瞞，余茹素已一年，故不思肉食矣。

（語）實在不瞞你們，我吃素已經一年，所以不想吃肉類了。

第三例（文）區區之物，敢以相贈，聊表寸忱。

（語）一點兒的東西，胆當拿來贈送你，稍微表示極小的眞情。

（注意）

一、這個「相」字的位置，放在語句的中間或頭上，要和語體寫作倒裝的形式。

二、這個「相」字，大都適用於書信用語。

三、這個「相」字的用法，如果不作倒裝形式，可以改「君」字或「兄」或「足下」「閣下」等。例如：

(文)一再煩君。

(語)一次二次的麻煩你。

(練習)

一、因爲愛你們這樣深，所以不能不拿這個來希望你們。

二、弟與兄情同骨肉，何敢相欺？

【相】用法3

(解釋) 相當於語體對着別人說自己的「我」。

(用法舉例)

第一例(文)昨承相邀，以事不克赴會，歉甚。

(語)昨天承蒙你約我，因爲有事情不能够到會，心裏過不去極了。

第二例(文)君忽以「學長」相稱，愧不敢當。

(語)你忽然拿「學長」兩字稱呼我，慚愧得擔當不起。

第三例(文)煑豆燃豆萁，豆在釜中泣；本自同根生，相煎何太急！

(語)煑豆子燒着豆萁，豆子在鍋子裏面哭；豆子好像在說：「本來是從一個根上生出來的，煎熬我爲甚麼這樣過分着力！」

(注意)

一、這個「相」字的位置，放在語句的中間或頭上，要和語體做成倒裝的形式。

二、這個「相」字，大都適用於書信用語。

三、這個「相」字的用法，如果不作倒裝形式，可以改「我」字。例如：

(文)昨承邀我。

(語)昨天承蒙你約我。

(練習)

一、愛我這樣深，沒有人趕得上你。

二、承以珍物相贈，深感盛意。

【若】用法1

（解釋）相當於語體的「如果」。

（用法舉例）

第一例（文）若逾期，則無效矣。

（語）如果過了期，那就沒有用了。

第二例（文）君若愛其才，盍擢用之？

（語）你如果愛他的才能，怎麼不提拔他教他做事？

第三例（文）君居港地，貨價漲落，消息易得；若有所聞，請卽函告。

（語）你住在香港，貨價上落，信息容易得到；如果你有甚麼聽到，請你立刻寫信報告我。

（注意）

一、這個「若」字的位置，放在語句的頭上或中間。在這語句的下面，要有別的語句。

二、這個「若」字的用法，和「苟1」「倘」「如3」一樣，可以換用。

（練習）

一、明天如果下雨，我不能夠到會。

二、少壯時若不努力，老大時不免悲傷。

【若】用法2

（解釋）相當於語體的「像」或「好像」。

（用法舉例）

第一例（文）王君野心未脫，若無羈之馬然。

（語）姓王的不受拘束的性子沒有脫去，好像沒有馬繮繩的馬一樣。

第二例（文）有蟻自西穴中出，嚮東蟻若偶語者，蓋求和也。

（語）有螞蟻從西面的洞裏走出來，對着東面的螞蟻像雙方談話的，大概是求和。

第三例（文）友人有疾，余往視之。相見後，歡然笑語，友人之疾若忘。

（語）朋友有病，我去看看他。彼此見面以後，快樂的樣子談談笑笑，朋友的病好像忘記一樣。

（注意）

一、這個「若」字的位置，放在語句的中間或頭上。

二、這個「若」字的用法，和「如1」一樣。

（練習）

一、姓王的不聲响地坐着，好像在思索甚麼。

二、見善若不及，見不善若探湯。

【若】用法3

（解釋）相當於語體的「像」或「或者」。

（用法舉例）

第一例（文）人之一身，若耳，若目，若手足，數皆有二，惟口祇有一。

（語）人的一個身體上面，像耳朵，像眼睛，像手和脚，數目都有兩個，只是嘴只有一個。

第二例（文）學校假期甚多，若春日有春假，若夏日有暑假，若冬日有寒假，爲人所共知者。

（語）學校放假日子很多，像春天有春假，像夏天有暑假，像冬天有寒假，是大家都知道的。

第三例（文）書之種類甚繁，除讀本外，若字典，若雜誌，若各種叢書，皆當購之，以資參考。

（語）書的種類很多，除了讀本以外，或者字典，或者雜誌，或者各種叢書，都該買牠，拿來供給參考。

（注意）

一、這個「若」字的位置，放在語句的頭上。在這語句的上下，都要有別的語句。

二、這個「若」字的用法，和「如2」一樣。

（練習）

一、交通的器具，像輪船，像火車，像飛機，都是最近時候發明的。

二、余在校所習各科中，若國文，若歷史，若算學，成績尙佳。

【若】用法4

（解釋）相當於語體的「你」或「你的」。

（用法舉例）

第一例（文）願若努力上進，毋忝若祖。

（語）希望你盡力前進到高的地位，不要羞辱你的祖先。

第二例（文）漢王曰：「吾與項羽俱北面受命懷王，曰：約爲兄弟。吾翁卽若翁，必欲烹而

翁，則幸分我一杯羹。」

（語）漢王說：「我和項羽一同面對着北受懷王的命令，說約做兄弟。我的父親就是你的父親，你一定要燒煮你的父親，那就盼望你分給我一杯湯。」

第三例（文）賈人渡河覆舟，許漁者救之予百金。既起，則予十金。漁者曰：「向許百金，而今予十金，無乃不可乎？」賈人勃然作色曰：「若，漁者也；一日之獲幾何，而驟得十金，猶爲不足乎？」

（語）商人渡河翻了船，對捉魚的人約定救他起來就給一百兩銀子。已經救起了，卻是給十兩銀子。捉魚的人說：「剛纔你約定一百兩銀子現在卻是給十兩銀子，恐怕不可以罷？」商人忽然改變面容說：「你，是個捕魚的人啊，一天的收入能有多少，今忽然間得到十兩銀子，

還認爲不够嗎？」

（注意）

一、這個「若」字的位置，放在語句的頭上、中間、末尾都可以。

二、這個「若」字的用法，和「而9」一樣。

（練習）

一、你的祖父你的父親，都是有德行的人；現在你怎麼破壞德行到這樣。

二、以若所爲，求若所欲，猶緣木而求魚也。

【若夫】

（解釋）　相當於語體的「像這……」或「像那……」或「說到」。

（用法舉例）

第一例（文）毛筆固便矣，若夫自來水筆則使用更便。

（語）毛筆本來便利了；說到自來水筆，那麼用起來更加便利。

第二例（文）金山、北固，可循陸路前往；若夫焦山，矗立江中，非乘舟不達。

（語）金山、北固山，可以依照陸路前去；像這個焦山，直立在長江裏，不坐船不能到達。

第三例（文）孟子曰：「待文王而後興者，凡民也；若夫豪傑之士，雖無文王猶興。」

（語）孟子說：「要等着文王的敎化纔起來從善的人，平民就是；像那才能出衆的人，卽使沒有文王的敎化還自己起來從善。」

（注意）

一、這個「若夫」的位置，放在語句的頭上，在這語句的上面下面，都要有別的語句。

二、這個「若夫」的用法，和「至於2」一樣，可以換用。」

（練習）

一、外國語的應該看重，本來是的；說到本國文字，那麼更加應該研究。

二、貓能捕鼠，犬能守門，人皆知之；若夫蛙能護穀，蚯蚓能鬆土，則非盡人所知矣。

【苟】用法1

（解釋）相當於語體的「如果」。

（用法舉例）

第一例（文）苟逾期，則無效矣。

（語）如果過了期，那就沒有用了。

第二例（文）君居港地，貨價漲落，消息易得；苟有所聞，請卽函告。

（語）你住在香港，貨價上落，信息容易得到；如果你有甚麼聽到，請你立刻寫信報告我。

第三例（文）人苟無名譽心則已：苟有名譽心，則雖有千百難事橫於前途，以遮斷其進路，而鼓其勇氣，終必能排除之。

（語）人如果沒有名譽心就罷了；如果有名譽心，那麼儘管有許許多多的難事情橫在前面，拿來遮斷那向前的路，卻是激動他的勇氣，到底一定能夠排除牠。

（注意）

一、這個「苟」字的位置，放在語句的頭上或中間。在這語句的下面，要有別的語句。

二、這個「苟」字的用法，和「若1」「倘」「如3」一樣，可以換用。

（練習）

一、這件事如果得到成功，我一定重重的謝你。

二、苟有用我者，我必盡己之才，為之效力。

【苟】用法2

（解釋）相當於語體的「只要」。

（用法舉例）

第一例（文）所借之款，到期苟無他故，必可奉趙。

（語）借的錢到了期只要沒有別種緣故，一定可以奉還。

第二例（文）凡讀艱深之文，苟能勤檢字書，逐字明其意義，即不難領悟。

（語）凡是讀不容易懂的文章，只要能夠努力查字書，一個一個字都明白牠的意思，就容易懂得了。

第三例（文）市中多商店，日用物品，無一不有。入市之人，需何物，苟看市招，即可購得。

（語）市街裏多商店，日用的東西，沒有一樣沒有。跑進市街去的人，要用甚麼東西，只要看店家的招牌，立刻可以買到。

（注意）

一、這個「苟」字的位置，放在語句的頭上或中間。

二、這個「苟」字的用法，和「但2」一樣，可以換用。

（練習）

一、書只要讀熟，一定能夠不看書讀出來。

二、事苟無阻，定能早日成功。

【殆】

（解釋）　相當於語體的「差不多」或「大約是」「大概是」「總是」「恐怕」。

（用法舉例）

第一例（文）內亂不已，國殆危矣。

（語）內亂不停止，國家差不多危險了。

第二例（文）齊景公問晏子曰：「今日寡人出獵，上山則見虎，下澤則見蛇，殆所謂不祥也。」

（語）齊景公問晏子說：「今天我出去打獵，

走上山就看見老虎，走下水邊就看見蛇，恐怕就是俗語說的『不祥』。」

第三例(文)弟見「宋本」二字，問兄曰：「宋本者，殆宋姓之書本歟？」兄曰：「非也，宋代雕刻印刷之書本耳。」

(語)弟弟看見「宋本」兩個字，問哥哥說：「『宋本』這句話，大約是宋家書本嗎」哥哥說：「不是的，宋朝時候雕刻和印刷的書本就是了。」

(注意) 這個「殆」字的位置，放在語句的頭上或中間。

(練習)

一、田好久不耕種，差不多要荒廢了。

二、此書誤字頗多，君殆未精校也。

【曷】

(解釋) 相當於語體的「爲甚麼」或「怎麼」。

(用法舉例)

第一例(文)如豆之燈，曷能普照一室。

(語)像豆一般的燈，怎麼能够普遍的照到一個房間。

第二例(文)彼已畢業於中學，曷不入大學以求深造乎？

(語)他已在中學畢業，爲甚麼不進大學將來希望達到深奧的地位呢？

第三例(文)與其消耗金錢於烟酒而蒙害，曷若移用於養生之食物，獲益良多矣。

(語)與其化費金錢在煙酒方面去受害，怎麼及得換用在養活生命的食品方面，得到好處很多了。

(注意)

一、這個「曷」字的位置，放在語句的頭上或中間。

二、這個「曷」字的用法，和「何(胡)1」一樣。

(練習)

一、一杯的水怎麼能够救熄一車子柴的火。

二、與其後退而敗，曷若前進，或有取勝之望也。

【卽】用法1

（解釋） 相當於語體的「立刻」或「就」。

（用法舉例）

第一例（文）求學之道，宜日進不已；蓋求學如逆水行舟，不進卽退矣。

（語）求學的方法，應該天天進步着不停止；因爲求學好像在逆水裏行船，不前進就後退了。

第二例（文）市中多商店，綢緞布匹，柴米油鹽，無物不有，入市之人，需何物，但看市招，卽可購得。

（語）市街裏多商店，綢緞布匹，柴米油鹽，沒有一樣東西沒有。跑進市街的人，要用甚麼東西，只要看店家的招牌，立刻可以買到。

第三例（文）一嫗好念佛。或勸之，不聽，其人乃立嫗旁，呼嫗數十次，嫗怒，其人曰：「我呼汝數十次，汝卽怒；汝念佛千百遍，佛寧不怒耶？」

（語）一個婦人喜歡念佛。有人勸她，不聽。那個人就站在婦人旁邊，喚婦人幾十遍。婦人生氣，那個人說：「我喚你幾十遍，你立刻生氣；你念佛幾千幾百遍，佛難道不生氣嗎？」

（注意） 這個「卽」字的位置，放在語句的頭上或中間。如果放在語句的中間，要和上面的字可以讀斷。

（練習）

一、我投考弘光中學已經取了，明天開學，立刻可以上學。

二、書已付印，卽可出版。

【卽】用法2

（解釋）　相當於語體的「卽使」。

（用法舉例）

第一例（文）卽有人憐我，我無顏對之矣。

（語）卽使有人可憐我，我沒臉對他了。

第二例（文）陸君善繪人物，卽寥寥數筆，猶能傳神。

（語）陸君很會畫人物，卽使很少的幾筆，還能够表現那東西的精神。

第三例（文）此次經商，卽無大利可獲，亦必不致虧耗。

（語）這回做生意，卽使沒有大利可以得到，也一定不會弄到蝕本。

（注意）

一、這個「卽」字的位置，放在語句的頭上或中間。在這語句的下面，要有別的語句。

二、這個「卽」字的用法，和「縱」字「雖」字一樣，可以換用。

（練習）

一、卽使盡力讀書，他的學力也只能够和別人彼此一樣，不能够好過人家了。

二、既有約在先，卽有事故，亦不宜失信。

【爰】

（解釋）　相當於語體的「因此」或「這纔」。

（用法舉例）

第一例（文）築室百堵，西南其戶，爰居爰處，爰笑爰語。

（語）造了很多的房子，在西面南面開門，這纔坐坐立立，這纔笑笑說說，安樂得很。

第二例（文）王赫斯怒，爰整其旅，以遏徂莒，以篤周祜。

（語）周文王很生氣的樣子就發怒，因此整頓他的軍隊，拿來阻止密國的進攻，拿來增加周朝的幸福。

第三例（文）已而夕陽欲墮，人影散亂；遊興既盡，爰賦同歸。因泚筆記之，以留紀念。

（語）後來傍晚的太陽快要落山，遊人的影子散亂了；我們的遊玩興致已經完了，因此大家說一同回去。我就用筆蘸了墨來記牠，拿來留個紀念。

（注意）

一、這個「爰」字的位置，用在語句的頭上，在這語句的上面，要有別的語句。

二、這個「爰」字的用法，和「於是」「然後」「乃」等字差不多。

（練習）

一、有一年的夏天，我在出門遊歷的路上，看見一個賣西瓜的人，因此買了一個，剖開來吃牠，牠的味兒甜，又是清涼，覺得很好吃。

二、同學徐君，臥病在家。旬日未到校；余念之而無暇親訪，爰作書以慰之。

【是故】

（解釋）相當於語體的「因為這個緣故」或「因此」。

（用法舉例）

第一例（文）存卑鄙之心，是故有趨炎附勢之行。

（語）存了人品不高尚的心，因此有依附權勢的行為。

第二例（文）貌惡而心慈者非鮮，是故人不可以貌取。

（語）相貌兇惡卻是內心慈善的並不少，因為這個緣故人不可以拿相貌來揀選。

第三例（文）虎用力而不用智。力之用一，智之用百，以一敵百，雖猛不能勝；是故人之為虎食者，有智而不能用也。

（語）老虎會用力氣，卻是不會用智慧，力氣的功效譬如是一，智慧的功效就是一百，拿一來抵當一百，儘管兇猛不能得到勝利；因此人的給老虎吃掉甚麼緣故呢？有了智慧卻是不能够利用的緣故。

（注意）

一、這個「是故」的位置，放在語句的頭上，在這語句的上面要有別的語句。

二、這個「是故」的用法，和「故1」「所以2」「是以」等一樣，可以換用。

（練習）

一、沒有見識因此沒有計劃。

二、有口辯者，能顚倒是非，是故惡夫佞者。

【是以】

（解釋）相當於語體的「因此」或「因爲這個緣故」。

（用法舉例）

第一例（文）此物價尙不貴，是以購之。

（語）這個東西價值還不貴，因此買了牠。

第二例（文）不修武備，是以國勢積弱。

（語）不講究軍事，因此國家的勢力漸漸地變成軟弱。

第三例（文）屈原曰：「世人皆濁我獨清，衆人皆醉我獨醒，是以見放。」

（語）屈原說：「世人都是濁我卻是淸，衆人都是醉我卻是醒，因爲這個緣故被革職了。」

（注意）

一、這個「是以」的位置，放在語句的頭上，在這語句的上面，要有別的語句。

二、這個「是以」的用法，和「故1」「所以2」「是故」等可以通用。

（練習）

一、人的習慣性不好，幾次勸懲他不改過，因此被斥退了。

二、處處能視難若易，是以事無一敗。

【要之】

（解釋） 相當於語體的「總括起來說」。

（用法舉例）

第一例（文）不問其爲何業，要之求速成者必不精。

（語）不管他做甚麼事業，總括起來說希望短期間成功的一定不精細。

第二例（文）或留芳百世，或遺臭萬年，要之，皆人自爲之耳。

（語）有的保留好名譽一百代，有的傳下壞名譽一萬年，總括起來說，都是人自己做到牠就是了。

第三例（文）作文無定法，要之，求其「眞實」「明確」而已。

（語）作文沒有一定的方法，總括起來說，求到牠「眞實」「明確」罷了。

（注意）

一、這個「要之」的位置，放在語句的頭上，在這語句的上面下面，都要有別的語句。

二、這個「要之」，可以改用「總之」「總而言之」等。

（練習）

一、天、地、日、月、山、水、魚、鳥一類字，總括起來說都是「名詞」。

二、制定法律，不可過嚴，亦不可過寬，要之，適人情耳。

十畫

【豈】用法1

（解釋） 相當於語體的「難道」。

（用法舉例）

第一例（文）君豈不知算法乎？竟不能演此淺易之算

題。

(語)你難道不懂算法嗎？竟然不能夠做出這個淺易的算術題目。

第二例(文)荀巨伯謂友人曰：「敗義以求生，豈荀巨伯所行耶？」

(語)荀巨伯對朋友說：「壞了義氣來希望活命，難道荀巨伯肯做的嗎？」

第三例(文)公園既闢，吾人於業餘遊息其中，洵足使心神恬適；其有益於衛生，豈淺鮮哉？

(語)公園已經開闢，我們在業務餘暇時候遊玩休息在那裏，確實可以使精神快樂安適；牠的有益在衛生方面，難道很少嗎？

(注意) 這個「豈」字的位置，放在語句的頭上或中間。

(練習)

一、本領高卻是壽命短，難道被老天妒恨的嗎？

二、彼豈醉乎，何出言之無禮也。

【豈】用法2

(解釋) 相當於語體的「怎麼」或「那裏」。

(用法舉例)

第一例(文)書爲各種知識之本源，豈有不讀書而能獲知識者。

(語)書本是各種知識的根源，那裏有不讀書能夠得到知識的。

第二例(文)若齒有損，食物未經充分之咀嚼，雖有極强之胃力，豈能消此不碎不爛之物以滋補其身乎？

(語)如果牙齒有了損壞，食品沒有經過充分的咬嚼，儘管有很强的胃力，那裏能夠消化這沒有碎沒有爛的東西來滋養身體呢？

第三例(文)光陰易逝，一去不回；吾人自宜惜時求學，豈可任意嬉遊乎？又豈可敷衍了事，徒有求學之名而無求學之實乎？

(語)時光容易過去，去了不回來；我們自然應該愛惜時光去研究學問，怎麼可以隨意遊玩呢？又怎麼可以將就了事，空有研究學問的名目却是沒有研究學問的實際呢？

注意)

一、這個「豈」字的位置，放在語句的頭上或中間。

二、這個「豈」字在語體方面說的「那裏」，是副詞，不是形容詞、代名詞。

三、這個「豈」字的用法，和「焉3」「安」一樣。

練習)

一、你是我的好朋友，怎麼會有欺騙我的道理。

二、余以為然也，豈知不然。

【豈獨】

(解釋) 相當於語體的「難道只」或「難道只是」「難道只有」。

(用法舉例)

第一例(文)君之所為，豈獨損名，兼且失節。

(語)你做的事情，難道只壞了名譽，並且失去了應守的節操。

第二例(文)丈夫貴兼濟，豈獨善一身？

(語)大丈夫着重在救濟大家，難道只安樂自身呢？

第三例(文)忠言逆耳，自昔如此，豈獨今世為然哉？

(語)忠直的話別人不愛聽，從前就這樣，難道只有現在是這樣呢？

(注意)

一、這個「豈獨」的位置，放在語句的頭上或中間，在這語句的上面，要有別的語句。

二、這個「豈獨」，可以改用「何獨」「豈惟」「豈徒」「豈第」「豈特」「豈但」「豈僅」等。

(練習)

一、喝酒的最大害處在損傷腦筋，難道只是浪費金錢罷了呢？

二、彼之所爲，豈獨利己，亦且利人。

【特】

(解釋) 相當於語體的「只是」或「不過」。

(用法舉例)

第一例(文)未見其人，特聞其聲耳。

(語)沒有看見那個人，只是聽見他的聲音罷了。

第二例(文)酒能傷腦，固不可飲，特少飲亦無大害也。

(語)酒能損害腦筋，實在是不可以喝；不過少喝些也沒有大壞處的。

第三例(文)某校訂一規則，凡學生缺課，須扣學分，特因故先行請假者，得免之。

(語)某校定了一個規則，凡是學生缺課，一定要扣去學分，不過因爲有事情預先請假的人，可以免扣牠。

(注意)

一、這個「特」字的位置，放在語句的頭上，在這語句的上面，要有別的語句。就語意方面講，在「特」字上下，意思是畧有轉變的。

二、這個「特」字的用法，和「但1」「第1」「顧1」「惟1」「徒」「獨」等字，大都可以通用。

(練習)

一、兒子本來是應該愛的，不過不應該過分愛呢。

二、余非不欲言，特無發言之機會耳。

【奚】用法1

(解釋)相當於語體的「爲甚麼」或「怎麼」。

(用法舉例)

第一例(文)楚文王使人問和氏曰：「天下之刖者多矣，子奚哭之悲也？」

(語)楚文王派個人問和氏說：「天下的受到割脚刑罰的人多極了，你爲甚麼哭得這樣悲傷哪？」

第二例(文)飛蛾乎！爾好與火燄相嬉乎？亦知火燄能喪爾生乎？奚不智若此！

(語)飛蛾呀！你喜歡同火燄彼此遊戲嗎？也知道火燄能够失去你的生命嗎？怎麼不聰明到像這個樣子！

第三例(文)兄在室中溫課。弟趨至，曰：「外有猴戲，盍往觀之？」兄曰：「我溫課尙未完畢，奚可外出遊玩？」

(語)哥哥在家裏溫課。弟弟很快的走來，說：「外面有猴子做把戲，怎麼不去看牠？」哥哥說：「我溫課還沒有完畢，怎麼可以走到外面去遊玩？」

(注意)

一、這個「奚」字的位置，放在語句的頭上或中間。

二、這個「奚」字的用法，和「何1」一樣。

(練習)

一、你敎兒子，爲甚麼這樣的嚴厲哪！

二、旣至半山，奚不登其巔？

【奚】用法2

(解釋)相當於語體的「甚麼」。

(用法舉例)

第一例(文)事已失誤，悔之奚益？

(語)事情已經做錯，懊悔牠有甚麼好處？

第二例(文)甁豈無碎之日乎？今碎矣，奚惜？

(語)甁難道沒有打破的日子嗎？現在打破了，痛惜甚麼？

第三例（文）君對此古玩，奚愛而願出百金以購之？

（語）你對這個古董，愛牠的甚麼卻是情願拿出一百兩銀子去買牠？

（注意）

一、這個「奚」字的位置，放在語句的頭上或中間。

二、這個「奚」字的用法，和「何2」差不多，但是不可以放在語句的末尾。

（練習）

一、看不好的連環圖畫，有甚麼好處呢？

二、君忽而大笑忽而痛哭，奚爲？

【奚】用法3

（解釋）相當於語體的「那裏」或「那個地方」。

（用法舉例）

第一例（文）君整理行裝，將奚適乎？

（語）你整理好行李，打算往那裏去呢？

第二例（文）張君奚自來？來自蘇州。

（語）張君從那個地方來？從蘇州來。

第三例（文）爲人謙恭有禮，奚往而不受人之歡迎。

（語）做人謙和恭敬有禮貌，那裏去卻是不受別人的歡迎。

（注意）

一、這個「奚」字的位置，放在語句的頭上或中間，不可以放在末尾。

二、這個「奚」字在語體方面說的「那裏」，是疑問代名詞。

三、這個「奚」字的用法，和「焉4」「安2」「何3」一樣。

（練習）

一、陸君從那裏來？從廣東來。

二、君將奚之？之漢歟？之渝乎？

【盍】

（解釋）相當於語體的「怎麼不」。

(用法舉例)

第一例(文)君如愛其才，盍擢用之？

(語)你如果愛他的才能，怎麼不提拔他教他做事？

第二例(文)兄在室中溫課。弟趨至，曰：「外有猴戲，盍往觀之？」兄曰：「我溫課尚未完畢，何可外出遊玩耶？」

(語)哥哥在家裏溫課，弟弟很快的走來，說：「外面有猴子做把戲，怎麼不去看牠？」哥哥說：「我溫課還沒有完畢，怎麼可以走到外面去遊玩呢？」

第三例(文)賈人渡河覆舟，許漁者救之予百金。既起，則予十金。其後賈人又覆舟，而漁者在焉。人曰：「盍救諸？」漁者曰：「是許金而不酬者也。」袖而觀之，賈人遂沒。

(語)商人渡河翻了船，對捉魚的人約定救他起來就給一百兩銀子。已經救起了，卻是給十兩銀子。後來商人又翻了船，卻是捉魚的人在那裏。旁人說：「你怎麼不去救他呢？」捉魚的人說：「這是個約定了酬金是不拿出來的人。」把手藏在袖子裏不去救他，是看他，商人就沒在水裏去了。

(注意)

一、這個「盍」字的位置，放在語句的頭上或中間。在這語句的上面，要有別的語句。

二、這個「盍」字的用法，等於「何不」二字的合併語。

(練習)

一、你既然有了病，怎麼不休息一天呢？

二、小屋數椽，倘可下榻，盍投宿於此間。

【旃】

(解釋) 相當於語體的「他」(「或牠」「她」「它」)。

(用法舉例)

第一例(文)願勉旃，毋多談！

(語)希望你勉勵牠，別多說！

第二例(文)人之僞言，舍旃舍旃。

(語)壞人的造作的話，別聽從他，別聽從他。

第三例(文)瑾也，勉旃！毋以石爲玉而又衒之也。

(語)瑾啊，勉勵牠！別把石頭當做美玉並且還誇耀牠哪。

(注意)

一、這個「旃」字的位置，放在語句的末尾。

二、這個「旃」字的用法，和「之1」「焉2」差不多。

(練習)

一、分別了，希望你勉勵牠！

二、相勗相期之言盡於此，願諸生旃諸！

【倘】

(解釋) 相當於語體的「如果」。

(用法舉例)

第一例(文)倘逾期，則無效矣。

(語)如果過了期，那就沒有用了。

第二例(文)主人囑其僕曰：「倘有客來，當先問尊姓，然後通報。」

(語)主人吩咐他的僕人說：「如果有客人來，應該先問那人的尊姓，這纔通知報告。」

第三例(文)某君已由濟至京，倘不稽留，則乘車來滬僅數小時耳。

(語)某君已經從濟南到了南京，如果不就擱，那麼坐車到上海來，不過幾點鐘罷了。

(注意)

一、這個「倘」字的位置，放在語句的頭上或中間。在這語句的下面，要有別的語句。

二、這個「倘」字的用法，和「若1」「苟1」「如3」一樣，可以換用。

（練習）

一、如果沒有緊要事情，不應該請假。

二、連日無暇，倘得暇，當趨前聆教也。

【烏】

（解釋） 相當於語體的「那裏」或「怎麼」。

（用法舉例）

第一例（文）人不求學，烏能成材？

（語）人不求學，那裡能夠成功有用的質料？

第二例（文）光陰一去不復來，人烏可一息不讀書，一息不進德？

（語）時光過去了不會再來，人們怎麼可以一刻兒不讀書，一刻兒不進德？

第三例（文）兄在室中溫課。弟趨至，曰：「外有猴戲，盍往觀之？」兄曰：「我溫課尚未完畢，烏可外出遊玩？」

（語）哥哥在家裏溫課，弟弟很快的走來，說：「外面有猴子做把戲，怎麼不去看牠？」哥哥說：「我溫課還沒有完畢，怎麼可以走到外面去遊玩？」

（練習）

一、這個「烏」字的位置，放在句語的中間或頭上。

二、這個「烏」字在語體方面說的「那裏」是副詞，不是形容詞、代名詞。

三、這個「烏」字的用法，和「安1」「何1」一樣，可以換用。

（練習）

一、種田人不種田，怎麼能夠有收成？

二、光陰寶貴 烏可虛擲？

【徒】用法1

（解釋） 相當於語體的「只」「只是」「只有」或「不過」。

（用法舉例）

第一例（文）某君才識不足，徒負虛名耳。

（語）某人才能識見不充足，只背着空名罷了。

第二例（文）徒善不足以爲政，徒法不能以自行。（孟子）

（語）只有善心不實行，不够拿來做政事；只有法度沒有善心，不能够拿來自己施行。

第三例（文）王如用予，則豈徒齊民安，天下之民舉安。（孟子）

（語）齊王如果用我，那麼難道只是齊國的人民安樂，天下的人民都安樂了。

（注意）

一、這個「徒」字的位置，放在語句的頭上或中間。

二、這個「徒」字的用法，和「但」「第」「惟」「僅」「止」等字差不多。

（練習）

一、這個東西不合實用，只是外表好看能了。

二、父兄溺愛其子弟，豈徒無益，反以害之。

【徒】用法2

（解釋） 相當於語體的「白白地」或「空」。

（用法舉例）

第一例（文）「徒搏」者，徒手擊獸而殺之也。

（語）「徒搏」這句話，就是空手打野獸並且殺死牠的意思。

第二例（文）用力雖多，恐徒勞而無功也。

（語）用力儘管多，恐怕白白地勞碌却是沒有功勞呢。

第三例（文）不務正業，徒食息於天地之間，猶一蠹耳！

（語）不做正當的事業，白白地吃着睡着在天地的中間，等於一個蛀蟲就是了。

（注意）這個「徒」字的位置，放在語句的頭上或中間。

（練習）

一、甚麼叫「徒手體操」就是空手操練卻是不用器具的一種體操。

二、彼旣不從，君何必再三叮嚀，徒費口舌耳。

【茲】

（解釋）相當於語體的「這」「這個」或「這……」「這個……」。

（用法舉例）

第一例（文）茲事體大，非一時所能決定。

（語）這件事情規模很大，不是一刻兒能够決定的。

第二例（文）茲啓者：昨奉手書，敬悉一切。

（語）這封信報告你的：昨天接到你的信，恭敬地知道了一切。

第三例（文）念茲在茲，釋茲在茲。（尙書）

（語）愛這個人在於這個人有功勞；不用這個人在於這個人有罪惡。

（注意）

一、這個「茲」字的位置，在語句的頭上、中間和末尾，都可以放得。

二、這個「茲」字的用法，和「此」「斯2」一樣。

（練習）

一、品行學問兩種都好的，只有這一個人。

二、王君謂其兒曰：「茲有梨十枚，汝試分與家人，能適均乎？」

十一畫

【將】用法1

（解釋） 相當於語體的「恐怕要」或「恐怕」。

（用法舉例）

第一例（文）瘋犬來矣，趨而不避，將爲其所傷。

（語）瘋犬來了，走上去却是不避開、恐怕要被牠傷害的。

第二例（文）臥病三月，醫治罔效，其人將不起乎？

（語）躺在牀上病了三個月，醫治沒有功效，那個人恐怕要死罷？

第三例（文）五月子者，長與戶齊，將不利於其父母。

（語）五月初五生的兒子這個人，長大起來和門一樣高，恐怕沒有好處在他的父母身上。

（注意） 這個「將」字的位置，放在語句的頭上或中間。

（練習）

一、經過了三回勸告却是不聽，他的老師恐怕要大大的責罰他。

二、嗜賭者不知回頭，將傾家蕩產乎？

【將】用法2

（解釋） 相當於語體的「打算」或「快要」。

（用法舉例）

第一例（文）東蟻敗，西蟻乘勝蹴之，將傅壘矣。

（語）東面的螞蟻失敗，西面的螞蟻趁着勝利在後面追上去，快要逼近營壘了。

第二例（文）虞孚種漆，三年而樹成，劃之，得漆數百斛，將載而鬻諸吳。

（語）虞孚種漆樹，經過三年漆樹就成長，劃它，得到漆幾百斛，打算裝運並且出賣它在吳國地方。

第三例（文）孟子見梁惠王。王曰「叟！不遠千里而來，亦將有以利吾國乎？」

（語）孟子去見梁惠王。梁惠王說：「老人家！不顧千里的遠路到我這裏來，也打算有甚麼計劃拿利益來給我的國家嗎？」

（注意）這個「將」字的位置，放在語句的頭上或中間。

（練習）

一、我快要到外邊去，因爲客人來了就停止。

三、徐君將之滬，友人餞之。

【焉】用法1

（解釋）相當於語體的「在這裏」「在這兒」或「在那裏」「在那兒」。

（用法擧例）

第一例（文）今有人焉，懷才而不見用於世。

（語）現在有個人在這裏，藏着才能卻是在世上沒有被人叫他做事情。

第二例（文）苟其家畜貓焉者，可以無鼠患矣。

（語）如果他家養貓在那裏的，可以沒有老鼠的災難了。

第三例（文）昔者吾舅死於虎，吾夫又死焉，今吾子又死焉。

（語）從前的時候，我的公公死在老虎嘴裏，我的丈夫又死在那裏，現在我的兒子又死在那裡。

（注意）

一、這個「焉」字的位置，放在語句的末尾或中間。

二、這個「焉」字的用法，等於「於此」「於彼」，但是有時語句裏兼用「於此」「於彼」，成爲雙料的形式，例如：

（文）於此焉有人。（「焉」字和「於此」重疊，省去「焉」字不妨。）

（語）在這裏有個人。

（文）於此有人焉。（「於此」和「焉」字重疊，省去「於此」或省去「焉」字都不妨。）

（語）在這裏有個人。

(文)於彼焉有人。(「焉」字和「於彼」重疊，省去「焉」字不妨。)

(語)在那裏有個人。

(文)於彼有人焉。(「於彼」和「焉」字重疊，省去「於彼」或省去「焉」字都不妨。)

(語)在那裡有個人。

(練習)

一、現在有隻貓在這兒，餓了就吃，吃飽了就玩，一點也不做甚麼。

二、浙江杭州城外，有西湖焉。

【焉】用法2

(解釋) 相當於語體的「他」(或「牠」「她」「它」)。

(用法舉例)

第一例(文)某君雖具天才，而惡勞好逸，他日必無成就，吾何患不能勝焉。

(語)某君儘管有天才，卻是討厭勞動喜歡安逸，將來一定沒有成就，我怎麼憂慮不能夠勝過他。

第二例(文)邑人皆惡焉，而猶尸位素餐，可謂無恥者矣。

(語)全縣人都恨他，却還佔着職位只吃飯不做事，可說不要臉的人了。

第三例(文)齊大饑，黔敖爲食於路，以待餓者而食之。有餓者來，黔敖曰：「嗟！來食。」餓者揚其目而視之，曰：「予惟不食嗟來之食，以至於斯也。」從而謝焉，不食而死。

(語)齊國遇到大荒年，黔敖預備了食物放在路上，等那飢餓的人來給他吃。有一個飢餓的人走過來，黔敖說：「真可憐！來吃罷。」那飢餓的人勉強張開他的眼睛來看看黔敖，說：「我只是爲了不吃別人可憐我的食物，纔弄到這樣地步

的。」黔敖走上前去對他賠罪。那人不
肯吃就死了。

（注意）

一、這個「焉」字的位置，必須放在語句的末尾。

二、這個「焉」字的用法，和「其3」不同，因為「其3」講作語體的「他」，位置是要放在頭上或中間的。拿上面三個例子說明如下：

焉——吾何患不能勝焉。
其——吾何患不能勝其（不通）
焉——邑人皆惡焉。
其——邑人皆惡其。（不通）
焉——從而謝焉。
其——從而謝其。（不通）

三、這個「焉」字的用法，和「之1」有同有不同。同的是位置也是放在語句的末尾；不同的是「之1」講作語體的「他」，有時位置是可以放在中間的。分別說明如下：

1相同的：
焉——吾何患不能勝焉。
之——吾何患不能勝之。（也通）
焉——邑人皆惡焉。
之——邑人皆惡之。（也通）
焉——從而謝焉。
之——從而謝之。（也通）
之——願汝曹效之。
焉——願汝曹效焉。（也通）
之——皆當購之。
焉——皆當購焉。（也通）

2不同的：
之——兄謂之曰。
焉——兄謂焉曰。（不通）

（練習）

一、爸爸媽媽老師都愛他，我羨慕他能夠得到別人的快活的心腸。

二、是蛇也，非食人之虎，吾何畏焉。」

【焉】用法3

（解釋）相當於語體的「怎麼」或「那裏」。

（用法舉例）

第一例（文）書爲各種知識之本源，焉有不讀書而能獲知識者。

（語）書是各種知識的根源，怎麼有不讀書卻是能夠有知識的。

第二例（文）齊宣王曰：「嗟乎！君子焉可侮哉？寡人自取病耳。」

（語）齊宣王說：「唉！德行好的人那裏可以侮辱呢？我自己受辱就是了。」

第三例（文）光陰易逝，一去不回；吾人自宜惜時求學，焉可任意嬉遊乎？又焉可敷衍了事，徒有求學之名而無求學之實乎？

（語）時光容易過去，去了不回來；我們自然應該愛惜時光去研究學問，怎麼可以隨便遊玩呢？又怎麼可以將就了事，空有研究學問的名目卻是沒有研究學問的實際呢？

（注意）

一、這個「焉」字的位置，放在語句的頭上或中間。

二、這個「焉」字在語體方面說的「那裏」，是副詞，不是形容詞、代名詞。

三、這個「焉」字的用法，和「豈2」「安2」一樣。

（練習）

一、你是我的好朋友，怎麼會有欺騙我的道理。

二、余以爲然也，焉知不然。

【焉】用法4

（解釋）相當於語體的「那裏」或「那個地方」。

（用法舉例）

第一例（文）爲人謙恭有禮，焉往而不受人之歡迎。

(語)做人謙和恭敬有禮貌，那裏去卻是不受
別人的歡迎。

第二例(文)愚公年九十，欲移山。其妻獻疑曰：
「以君之力，曾不能損魁父之丘；且焉
置土石。」

(語)愚公年紀九十歲，想鏟平高山。他的妻
表示懷疑說：「用你的力氣，簡直不能
夠損傷魁父小山上的一堆泥土；再說那
裏去安放泥土和石塊。」

第三例(文)子曰：「視其所以，觀其所由，察其所
安，人焉廋哉？人焉廋哉？」

(語)孔子說：「看那個人現在做的事，再看
那個人已經做過的事，再看那個人對於
現在做的事和已經做過的事心裏安不
安，用這方法去看人的善惡邪正，人那
裏能隱藏呢？人那裏能夠隱藏呢？」

(注意)

一、這個「焉」字的位置，放在語句的頭上或中間，
不可以放在末尾。

二、這個「焉」字在語體方面說的「那裏」，是疑問代
名詞。

三、這個「焉」字的用法，和「安2」「何3」「奚
3」一樣。

(練習)

一、警察已經圍住捉拿了，殺人的人，你打算向那
個地方逃開呢？

二、貨品質美價廉，焉往而不可傾銷。

【焉】用法5

(解釋) 相當於語體的「的樣子」。

「用法舉例」

第一例(文)岌岌焉不可終日。

(語)很危險的樣子不能夠過完一天。

第二例(文)我心憂傷，惄焉如擣。

（語）我心裏憂傷，悲痛的樣子好像有東西打着心頭。

第三例（文）始舍之，圉圉焉；少則洋洋焉，攸然而逝。（孟子）

（語）起初放牠，稍微活動的樣子；停了一回自由游泳的樣子，快活地就游開了。

（注意）

一、這個「焉」字的位置，放在語句的末尾或中間。如果放在語句的中間，要和下一字可以讀斷。

二、這個「焉」字的用法，可以換用「然4」的「然」字；但是用「然4」的「然」字的語句，不一定可以換用「焉」字。舉例說明如下：

焉——岌岌焉不可終日。

然——岌岌然不可終日。（也通）

焉——惄焉如擣。

然——惄然如擣。（也通）

焉——始舍之，圉圉焉；少則洋洋焉，……

然——始舍之，圉圉然；少則洋洋然……（也通）

然——勝則欣欣然喜，

焉——勝則欣欣焉喜，（可通）

然——層次井然，

焉——層次井焉，（不妥）

然——有亭翼然，

焉——有亭翼焉，（不妥）

（練習）

一、很小心的樣子用力求學問，只怕趕不上別人。

二、好投機者，忽焉富矣，又忽焉而一貧如洗矣。

【焉】用法6

（解釋）相當於語體的「呢」或「哩」或「了」。

（用法舉例）

第一例（文）誰侜予美，心焉忉忉。

（語）誰欺騙我稱讚的人，我的心頭呢很憂慮的樣子。

第二例（文）某市於某年之夏，傳染病盛行，究其原，由於蠅之傳佈病菌，乃大捕蠅，殺蠅千萬。明年之夏，遂絕少傳染病焉。

（語）某市在某年的夏天，傳染病大大的發生，推究牠的原因，因爲蒼蠅的傳佈病菌就大大的捉蒼蠅，殺死蒼蠅一千萬。到了明年的夏天，就很少傳染病了。

第三例（文）飛衞教紀昌學視，視小如大，視微如著。昌以氂懸蝨於牖，南面而望之。旬日之間，浸大也；三年之後，如車輪焉；以覩餘物，皆丘山也。

（語）飛衞教紀昌學「看」的方法，要把小的東西看得很大，把細密的東西看得很明顯。紀昌用長的毛掛一個蝨子在窗口，自己朝着南面望牠。在十天的時候裏，慢慢地覺得牠大哩；三年以後，看上去像車輪哩；這時候用眼睛去看別種東西，都像高山一樣呢。

（注意）

一、這個「焉」字的位置，放在語句的末尾或中間。如果放在語句的中間，要和下面的字可以讀斷。

二、這個「焉」字，有幫助說話停頓一下的作用，和「也」「矣」等字相近。

（練習）

一、貓的瞳孔會變換形狀，早上晚上看它，像桂圓核兒呢；太陽光直射的時候看牠，像一根線呢。

二、誰侜予美，心焉惕惕。

【第】用法1

（解釋）相當於語體的「只是」或「不過」。

（用法舉例）

第一例（文）未見其人，第聞其聲。

（語）沒有看見那個人，只是聽見他的聲音。

第二例（文）酒能傷腦，固不可飲；第少飲亦無大害也。

（語）酒能損害腦筋，實在是不可以喝，不過少喝些也沒有大壞處的。

第三例（文）某校訂一規則，凡學生缺課，須扣學分，第因故先行請假者，得免之。

（語）某校定了一個規則，凡是學生缺課，一定要扣去學分，不過因爲有事情預先請假的人，可以免扣。

（注意）

一、這個「第」字的位置，放在語句的頭上，在這語句的上面，要有別個語句。就語意方面講，在「第」字上下，意思是畧有轉變的。

二、這個「第」字的用法，和「特」「但」「顧」「惟」「徒」「獨」等字，大都可以通用。

（練習）

一、遊戲沒有壞處，不過無節制就有害處了。

二、其人學力不足，第品德尙端，亦可取也。

【第】用法2

（解釋）相當於語體的「只管」或「只要」。

（用法舉例）

第一例（文）凡讀艱深之文，第能勤檢字書，逐字明其意義，即不難領悟。

（語）凡是讀不容易懂的文章，只要能够努力查字書，一個一個字都明白牠的意思，就容易懂得了。

第二例（文）市中多商店，出售者均爲日用品。入市之人，需何物，第看市招，即可購得。

（語）市街裏多商店，出賣的東西都是日用品。跑進市街去的人，要用甚麼東西，只要看店家的招牌，立刻可以買到。

第三例（文）余忽見家人在前，驚問曰：「有事乎？」家人不即言，第言他事，徐卻立曰：「二二今日少鼓時已死矣。」

(語)我忽然看見家裏的僕人在面前，吃了一驚問道：「有事情嗎？」僕人不立刻說，只管說別的事情，後來退下幾步站住了說：「二三」在今天四更時候已經死了。」

(注意)

一、這個「第」字的位置，放在語句的頭上或中間。

二、這個「第」字的用法，和「但2」一樣。

(練習)

一、他已經略微有些進步，只要能够再求進步到高的地位，可以排在優等學生的裏面了。

二、第論大體，不談小節。

【惟】用法1

(解釋) 相當於語體的「只」「只是」或「不過」。

(用法舉例)

第一例(文)未見其人，惟聞其聲耳。

(語)沒有看見那個人，只是聽見他的聲音罷了。

第二例(文)人之一身，如耳也，目也，手足也，數皆有二，惟口祇有一。

(語)人的一個身體上面，像耳朵啊，眼睛啊，手脚啊，數目都有兩個，只是嘴只有一個。

第三例(文)桃李花開甚艷，可悅人目；惟木材不堅，不可供棟梁之用。

(語)桃樹李樹的花開得很美麗，可以快樂人的眼睛；不過木料不堅固，不可以供給架屋橫木的用途。

(注意)

一、這個「惟」字的位置，放在語句的頭上，在這語句的上面，要有別的語句。就語意方面講，「惟」字上下的意思是畧有轉變的。

二、這個「惟」字的用法，和「但1」「特」「第1」「顧」「徒」「獨」等字大都可以通用。

（練習）

一、我也沒有好過別人的地方，不過做人誠實罷了。

二、此馬形狀高大，體力強壯，惟一足已跛，不能行路。

【惟】用法2

（解釋）相當於語體的「只有」。

（用法舉例）

第一例（文）命題作文，可供學子參考而助其文思者，其惟作文設計大綱一書乎！

（語）出了題目做文章，可以給學生參考又幫助他的作文思想的，那只有作文大綱一千題一部書罷！

第二例（文）讀書可以增長知識，固無人不知矣；抑有進者，聖賢之遺訓，偉人之事蹟，充溢乎書中，則敦品勵行，亦惟讀書能得鉅大之收穫也。

（語）讀書可以增加長進知識，本來沒有人不知道了；卻還有進一層的意思，聖人賢人的遺教，偉人的事蹟，充滿在書裏，那麼勉勵品性和行爲，也只有讀書能夠得到很大的收穫呢。

第三例（文）人當飢餓時，雖粗糲亦覺適口；否則珍饈滿案，未必能下咽。可見適口之食物，本無一定，惟飢餓時之食物，乃覺津津有味耳。

（語）人在肚子餓的時候，即使粗飯也覺得合口味；不是這樣，那麼好吃的東西擺滿在桌子上，不一定能够吃下去。可見合口味的食物，本來沒有一定，只有肚子餓的時候的食物，纔覺得很有滋味呢。

（注意）

一、這個「惟」字的位置，放在語句的頭上或中間。

二、這個「惟」字的用法，有時可以改用「獨」字。

（練習）

一、只有努力求學的學生，是老師長輩喜歡的。

二、書中蘊藏知識，吾人欲求知識，其惟多讀書乎！

【庸（庸詎）】

（解釋）　相當於語體的「難道」「怎麼」或「或許」。

（用法舉例）

第一例（文）事已敗矣，庸可救乎？

（語）事情已經失敗了，難道可以補救嗎？

第二例（文）彼尚不灰心，庸有報復之圖。

（語）他還沒有灰心，或許有報復的計劃。

第三例（文）庸詎知吾所謂知之非不知耶？庸詎知吾所謂不知之非知耶？

（語）怎麼知道我說的「知」的不是「一偏之見的不知」呢？怎麼知道我說的「不知」的不是「大徹大悟的眞知」呢？

（注意）

一、這個「庸」字的位置，放在語句的頭上或中間。

二、這個「庸」字的用法，和「豈」「何」「或」等字差不多。

三、第三例「庸詎」两字連用，和單用「庸」字一樣。

（練習）

一、作戰用具還沒有完全繳出來，或許有二次作戰的意思。

二、忠誠如此，庸有二心。

【設】

（解釋）　相當於語體的「如果」「假使」。

（用法舉例）

第一例（文）設無名醫爲之診治，此病恐不治矣。

（語）如果沒有好醫生替他驗看醫治，這個病症恐不會好了。

第二例（文）主人囑其僕曰：「設有客來，當先問姓名，然後通報。

（語）主人吩咐他的僕人說：「假使有客人來，應該先問那人的姓名，這纔通知報告。」

第三例（文）明日天晴，弟必赴會；設天雨，則弟不擬出門，紀錄一事，請君代理，可乎？

（語）明天天氣好，我一定到會；假使天下雨，那麼我不想出門，紀錄的一件事，請你代理，可以嗎？

（注意）

一、這個「設」字的位置，放在語句的頭上或中間，在這語句的下面，要有別的語句。如果放在中間，要和上面的字可以讀斷。

二、這個「設」字的用法，和「如3」「倘」「若1」等字差不多。

（練習）

一、本店有「退貨還銀」的規定，假使這種貨物不合你的意思，在一個星期裏頭請你退回，是可以的。

二、余於足球頗感興趣，此次運動會中，設有足球賽，余亦擬參加。

【假令】

（解釋）相當於語體的「如果」或「倘使」。

（用法舉例）

第一例（文）假令有人於此，自云能呼風喚雨，爾其信之乎？

（語）倘使有個人在這裏，自己說能夠把風雨一叫就來，你難道信他嗎？」

第二例（文）立身處世，假令不知自愛，勢必為人所鄙視。

（語）一個人在社會上過活，如果不知道尊重自己的人格，照情勢上看一定被人家看輕的。

第三例（文）假令人於四體外，益以兩翼，則高翔天空，其樂何極？

（語）如果人在兩手兩脚以外，拿兩個翅膀加上去，那麼高飛在天空裏，他的快樂那裏有盡頭呢？

（注意）

一、這個「假令」的位置，放在語句的頭上，在這語句的下面，要有別的語句。

二、這個「假令」的用法，和「若1」「苟1」一樣，可以換用。

三、這個「假令」，可以改用「假如」「假使」「設令」「設或」「脫令」「倘若」「倘或」「設如」等。

（練習）

一、喝和吃如果不清潔，一定弄到生病。

二、假令與人交際，不守公德，勢必爲人所棄。

【庶幾】

（解釋）相當於語體的「差不多」或「希望」。

（用法舉例）

第一例（文）載貨數車，運至商埠銷售，庶幾獲優厚之利。

（語）裝貨數車，運到通商口岸去賣，希望得到豐富的利益。

第二例（文）牆角籬邊，黃花開遍。弟欲携樽載酒，約兄一觀，庶幾孤芳共賞，不負傲霜之姿。

（語）牆角籬邊，菊花已經開滿。我想帶了酒杯斟了酒，約你來看看。希望一同欣賞菊花，不辜負牠傲霜的姿態。

第三例（文）文天祥被害，死後其衣帶中贊曰：「孔曰『成仁』，孟曰『取義』，惟其義盡，是以仁至。讀聖賢書，所學何事？而今而後，庶幾無愧。」

（語）文天祥被殺，死後他的衣帶裏有自贊的文字說：「孔子說『成仁』，孟子說『取義』，只是那義已經盡了，因此達到了仁。讀了聖賢的書，學的是甚麼事情？從過去到現在，再從現在到將來，差不多沒有甚麼對不住了。」

（注意）

一、這個「庶幾」的位置，放在語句的頭上，在這語句的上面，要有別的語句。

二、這個「庶幾」，在語體說做「差不多」的，也可以改用「庶乎」。

（練習）

一、做學生的，能夠努力讀書，差不多不辜負他的父親母親的指望了。

二、先生之病，非數星期不能治愈；宜入醫院，庶幾健康得早恢復。

【既而】

（解釋）相當於語體的「後來」。

（用法舉例）

第一例（文）我作教師，弟妹作學生。先點名，弟妹報到；既而讀書，我讀一句，弟妹亦讀一句。

（語）我做教師，弟弟妹妹做學生。先點名，弟弟妹妹就說一聲到；後來讀書，我讀了一句，弟弟妹妹也讀一句。

第二例（文）余家畜一貓，以其未馴也，繫維以伺，候其馴焉；既而以其馴也，遂解其維繫。

（語）我家裏飼養一隻貓，因爲牠性情沒有順從啊，用繩子縛起來暗中觀察觀察，等候牠性情順從呢；後來因爲牠性情順從啊，就解除牠縛着的繩子。

第三例（文）徐柏林發明飛船，飛於天空，歷一晝夜而不墜，行數千里而不息；既而日漸改良，製造益精，遂成交通上之利器。

（語）徐柏林發明飛船，飛在天空裏，經過一日一夜卻是沒有落下來，行了幾千里卻是沒有停；後來，一天一天的慢慢兒改良，裝造得更好，就成功交通方面鋒利的工具。

（注意）

一、這個「既而」的位置，改在語句的頭上，在這語句的上面下面，都要有別的語句。

二、這個「既而」的用法，和「已而」一樣。也可以改用「俄而」，不過「俄而」是表示過去的時間較快。

（練習）

一、傍晚的太陽西面落下去，各種的聲音都很靜，後來一個光明的月亮，高高地掛在天空裏了。

二、正欲出門游眺，既而細雨濛濛，遂不果行。

【得無（得毋）】

（解釋）　相當於語體的「恐怕」或「能够不算」。

（用法舉例）

第一例（文）求學而不專，得無徒勞乎？

（語）求學如果不專心，能够不算白白地勞碌嗎？

第二例（文）臨渴掘井，得無有不及之慮乎？

（語）在嘴裡要喝水的時候掘起井來，恐怕有不及的憂慮罷！

第三例（文）晏子曰：「今民生長於齊不盜，入楚則盜，得無楚之水土使民善盜耶？」

（語）晏子說：「現在人民生長在齊國不做強盜，進了楚國就做強盜，恐怕楚國的水土使人民很會做強盜呢？」

（注意）

一、這個「得無」的位置，放在語句的頭上。在這語句的上面，要有別的語句。

二、這個「得無」的用法，和「無乃」差不多。

三、這個「得無」，改用「豈不」「豈非」也可以。

（練習）

一、手上脚上都生了硬皮，能够不算過分勞苦嗎？

二、吹毛求疵，得無過刻乎？

【聊以】

（解釋）相當於語體的「姑且拿」或「姑且拿來。」

（用法舉例）

第一例（文）一杯清水，聊以解渴。

（語）一杯清水，姑且拿來止渴。

第二例（文）土宜四色，聊以奉贈，藉表寸忱。

（語）土產四種，姑且拿來送給你，借此表示我的心意。

第三例（文）余之樂於演講者，聊以口舌之勞，開通民智耳。

（語）我這樣高興演講甚麼緣故呢；姑且拿我口舌的勞動，開通人民的智識罷了。

（注意）這個「聊以」字的位置，放在語句的頭上。

（練習）

一、我寫了這段滑稽文章，姑且拿來解脫別人的嘲笑罷了。

二、下奕吟詩，聊以消遣。

十二畫

【然】用法1

（解釋）相當於語體的「卻是」或「可是」。

（用法舉例）

第一例（文）華成家雖貧困，然好學不輟。

（語）華成家裏儘管窮苦，卻是喜歡讀書，不肯停止。

第二例（文）讀書固要，蓋人之常識，多由讀書得之；然求學之目的，尚不止此，如：鍛鍊身體，修養德性，練習治事，在在均應注意也。

（語）讀書本來要緊，因爲人的常識，大都從讀書得到牠；可是求學的目的，還不只是這一點，像：鍛鍊身體，修養德性，練習辦事，處處都應該注意的。

第三例（文）蟋蟀性好鬥，與蟻相似；然蟻能合羣，鬥必以衆，公戰也；蟋蟀不愛群，兩雄相值，即不能相容，私戰也。

（語）蟋蟀的性質喜歡爭鬥，和螞蟻彼此很像；可是螞蟻會合羣，爭鬥起來一定用羣衆的力量，公戰就是；蟋蟀不愛羣，兩隻彼此遇到了，就不能够彼此容忍，私戰就是。

（注意） 這個「然」字的位置，放在語句的頭上，在這語句的上面，要有別的語句。「然」字上下的意思，完全相反。

（練習）

一、節省是美德，卻是不可過了分，過了分就要變成吝嗇了。

二、綢衣雖美，然既垢不可常洗，不如布衣，勤加澣濯，可常保清潔也。

【然】用法2

（解釋） 相當於語體的「是這樣」。

（用法舉例）

第一例（文）讀書貴有方法，作文亦然。

（語）讀書最好要有方法，作文也是這樣。

第二例（文）客謂主人曰：「宜曲突徙薪，不然將有大患。」主人不應。

（語）客人對主人說：「你應該把煙囪改成曲的，把柴草搬開，不是這樣恐怕要有火災。」主人沒有回話。

第三例（文）或曰：「飛鳥縮頸則展足，縮足則展頸，無兩展者。」驗之信然。

（語）有人說：「飛着的鳥，縮緊了脖子就張開脚，縮緊了脚就伸長脖子，沒有兩種同時伸開的。」試試牠確實是這樣。

(注意) 這個「然」字的位置，放在語句末尾或中間。

(練習)

一、求學最好要有恆心，不是這樣，一定不會成功。

二、我不知其所以然。

【然】用法3

(解釋) 相當於語體的「是的」或「對的」或「不錯」。

(用法舉例)

第一例(文)張生述習字之法甚詳。述畢，師頷首，以爲然。

(語)姓張的學生陳說練字的方法很詳細。陳說完了，教師點點頭，覺得不錯。

第二例(文)杜處士曝畫，有戴嵩牛一幅。一牧童見之，大笑曰：「此畫鬥牛也，牛鬥在角，尾搐入兩股間；今乃掉尾而鬥，謬矣！」處士笑而然之。

(語)杜處士在陽光下面晒畫，有戴嵩畫的牛一幅。一個牧童看見了牠，大笑說：「這是畫鬥牛啊，牛鬥起來力氣全在角上，尾巴夾進兩條腿裏；現在卻是掉開了尾巴來鬥，畫錯了哪！」杜處士聽了笑笑並且覺得他的話是對的。

第三例(文)仲弓曰：「居敬而行簡，以臨其民，不亦可乎？居簡而行簡，無乃太簡乎？」子曰：「雍之言然。」

(語)仲弓說：「自己做人恭敬卻是施行政事隨便，拿去治理他的百姓，不也好了嗎？自己做人隨便並且施行政事也隨便，未免太隨便了嗎？」孔子說：「雍(仲弓的名。)的話是的。」

(注意) 這個「然」字的位置，末尾中間頭上都放得。

(練習)

一、別人都覺得對的，我卻是覺得不對的。

二　張君之言，然乎否乎？余曰：「然」。

【然】 用法4

（解釋）相當於語體的「的樣子」。

（用法舉例）

第一例（文）公園之中，有亭翼然。

（語）在公園中間，有隻亭子很高大的樣子。

第二例（文）王君作文，段落分明，層次井然。

（語）王君做文章，段落分得明白，層次很有秩序的樣子。

第三例（文）人類利用蟋蟀好鬥之性以爲博，而蟋蟀不自知；勝則欣欣然喜，敗則捨身以殉。

（語）人類利用蟋蟀喜爭鬥的性質來做賭博，卻是蟋蟀自己不知道；鬥勝了就喜歡的樣子快樂，鬥輸了丟棄身體拿來犧牲。

（注意）這個「然」字的位置，放在語句的末尾；如果放在中間，和下面的字可以讀斷。

（練習）

一、陳堯咨生氣的樣子說：「你怎樣胆敢看輕我射箭的本領？」

二、農人相與拔秧針而揷之水田，皇皇然不少息。

【然】 用法5

（解釋）相當於語體的「一樣」或「一般」。

（用法舉例）

第一例（文）張君善作文，下筆成章，若無事然。

（語）姓張的很會做文章，一落筆就能做成文章，好像沒有事情一般。

第二例（文）王君野性未脫，如無羈之馬然。

（語）姓王的不受拘束的性子沒有脫去，好像沒有馬絡頭的馬一樣。

第三例（文）予豈若是小丈夫然哉？諫於其君而不受，則怒，悻悻然見於其面，……（孟子）

(語)我難道像這種沒有學問涵養的小人一樣嗎？去諫勸那國君卻是不接受，就生氣，很生氣的樣子顯露在他的臉上。……

(注意) 這個「然」字的位置，放在語句的末尾或中間，上面要有個「如」「若」等動詞。

(練習)

一、我難道像壞人一樣嗎？一天到晚做壞事。

二、王兒午餐，見盤中無魚肉，若有不豫色然。

【然則】

(解釋) 相當於語體的「照這樣說那麼」或「照這樣看來那麼」。

(用法舉例)

第一例(文)與損友交，必蒙其害，然則交友可不慎乎？

(語)和壞朋友結交，一定受到他的害處，照這樣說那麼結交朋友可以不小心嗎？

第二例(文)此兒性質誠甚愚，讀書毫無進步，然則竟任其愚而不使就學乎？

(語)這個孩子的性質確實很笨，讀書一點兒沒有進步；照這樣看來那麼竟然聽便他笨就不教他上學嗎？

第三例(文)有學泅水者喪其生，然則泅水不可學乎？非也，從師之教，順水之性，斯能免禍矣。

(語)有個學泅水的人喪失了他的性命，照這樣說那麼泅水不可以學的嗎？不是的，聽從老師的教導，順着水的性子，就能夠避去災害了。

(注意) 這個「然則」的位置，放在語句的頭上，在這語句的上面，要有別的語句。

(練習)

一、你既然不喜歡吃麵包，又不喜歡吃糕糰，照這樣說那麼你喜歡吃的是甚麼東西？

二、年老之人，每因齒落，咀嚼不便，致患胃病；然則吾人在少年時代，可不保護其齒哉？

【之後】

（解釋）相當於語體的「纔」或「這纔」。

（用法舉例）

第一例（文）主人囑其僕曰：「倘有客來，當先問姓名，然後可以通報。」

（語）主人吩咐他的僕人說：「如果有客人來，應該先問明姓名，這纔可以通知報告。」

第二例（文）吾人食物，必先由齒切碎之，舂爛之，然後入胃，始易消化。

（語）我們吃東西，一定先由牙齒切碎牠，舂爛牠，這纔咽到胃裡，就容易消化。

第三例（文）予每隆冬讀書，至四鼓，體極寒，不能寐，則起舞劍；一再行，體熱如火，然後就臥，枕席俱溫矣。

（語）我常常在很冷的冬天讀書，到四更時候，身體很冷，不能夠睡着，就起來舞劍；舞了一二次，身體熱得像火一般，纔去睡覺，枕頭褥子全都溫暖了。

（注意）

一、這個「然後」的位置，放在語句的頭上或中間，在這語句的上面，要有別的語句。

二、這個「然後」的用法，改用「而後」也可以。又和「乃」差不多，大都可以換用。

（練習）

一、人一定要讀書，這纔明白規矩道理。

二、歲寒，然後知松柏之後凋也。

【然而】

（解釋）相當於語體的「可是」或「卻是」。

（用法舉例）

第一例（文）果品雖佳，然而多食則腹痛。
（語）水果一類的東西儘管好，可是多吃就要肚子痛。

第二例（文）千斤之鼎，固不易遷徙；然而有大力者至，則負之以趨矣。
（語）一千斤的香爐，實在是不容易搬動；卻是有大力氣的人跑來，那就背了牠很快的走了。

第三例（文）讀書固要，蓋人之常識，多由讀書得之；然而求學之目的，尚不止此，如：鍛鍊身體，修養德性，練習治事，在在均應注意也。
（語）讀書本來要緊，因為人的常識，大都從讀書得到牠；可是求學的目的，還不只是這一點，像：鍛鍊身體，修養德性，練習辦事，處處都應該注意的。

（注意）

一、這個「然而」的位置，放在語句的頭上，在這語句上面，要有別的語句。「然而」上下的意思，完全相反。

二、這個「然而」的用法，和「然1」「而4」一樣，可以換用。

（練習）

一、人本來不能不說話，可是說話多了一定壞事。

二、星星之火，其勢甚微，似不足畏；然而烈燄燎原，每由此而起。

【猶】用法1

（解釋）　相當於語體的「還」或「尚且」。

（用法舉例）

第一例（文）物與物相殘，人猶惡之，而況人乎？
（語）動物和動物彼此傷害，人們尚且恨牠，還要說人類嗎？

第二例（文）孟子曰：「待文王而後興者，凡民也；

若夫豪傑之士，雖無文王，猶興。」
（語）孟子說：「要等着文王的教化才起來從善的人，平民就是；像那才能出衆的人，即使沒有文王的教化，還會自己起來從善。」

第三例（文）楚狂接輿歌而過孔子曰：「鳳兮！鳳兮！何德之衰？往者不可諫，來者猶可追。已而！已而！今之從政者殆而！」
（語）楚國的狂人名叫接輿的，唱着歌走過孔子的門前說：「鳳呀！鳳呀！怎麽道德這樣不振作？過去忙忙碌碌的情形不必說，從今以後快快去隱居的事情還來得及趕上。休息罷！休息罷！現在辦理政治的人眞危險啊！」

（注意）
一、這個「猶」字的位置，放在語句的中間或頭上。在這語句的上面下面都要有別個語句。
二、這個「猶」字的用法，和「尙」字「且3」字一樣。

（練習）
一、已經留級了，你尙且不肯努力讀書，能够有畢業的希望嗎？
二、竟日勞作，薪金所得，猶不足贍家，可歎也。

【猶】用法2

（解釋）相當於語體的「好像」或「好比」或「等於」。

（用法舉例）
第一例（文）教師之愛其學生，猶父母之愛其子女。
（語）教師的愛他的學生，好像父親母親的愛他的兒女。

第二例（文）武丁朝諸侯，有天下，猶運之掌上也。
（語）武丁使諸侯來朝見，得天下，好比把東西搬動在手掌上那麽容易呢。

第三例（文）以若所爲，求若所欲，猶緣木而求魚也
（語）拿你做着的，尋找你願望的，等於爬在

高的樹上去尋找水裏的魚呢。

(注意)

一、這個「猶」字的位置，放在語句的頭上，在這語句的上面要有別個語句。就語意方面講，「猶」字上下文的意思是平列的。

二、這個「猶」字的用法，和「如」「若」一樣。

(練習)

一、求學如果半路上停止，等於沒有求學呢。

二、魚之腹鰭，猶舟之槳也；尾鰭猶舟之舵也。

【爲】用法1

(解釋) 相當於語體的「因爲」。

(用法舉例)

第一例(文)爲其價尙不貴，故購之。

(語)因爲牠的價値還不貴，所以買牠。

第二例(文)張王二君僅爲小事而失和，殊無謂也。

(語)張王兩個人只因爲小事情就不和睦，實

在是沒有意思呢。

第三例(文)且君之欲見之也，何爲也哉？曰：「爲其多聞也，爲其賢也。」(孟子)

(語)再說君主的要召見他(指庶人)啊，爲了甚麼呢？說：(萬章的回答)「因爲他多聞見呢，因爲他有賢德呢。」

(注意)

一、這個「爲」字的位置，放在語句的頭上或中間。

二、這個「爲」字的用法，和「蓋1」不同，因爲「蓋」字的位置，必須在語句的頭上，上面還要有別的語句。

三、這個「爲」字的用法，和「以3」一樣，可以改用「以」字。

(練習)

一、同是一張紙啊，有的因爲牠光滑，叫做油光紙；有的因爲牠粗糙，叫做草紙。

二、某君爲其子患急症，故冒雨延醫至其家。

【爲】用法2

（解釋）相當於語體的「替」或「給」。

（用法舉例）

第一例（文）彼怒矣，吾不敢言，君其爲吾言之。

（語）他生氣了，我不敢說，希望你替我說一說。

第二例（文）余自慚無能，不能爲張、王二君，設法和解。

（語）我自己慚愧着沒有能力，不能够給張、王兩位，想法和解。

第三例（文）我作敎師，弟妹作學生。我爲弟妹排齊桌椅，各依次序就座。先點名，弟妹即報到；既而讀書，我讀一句，弟妹亦讀一句。

（語）我做敎師，弟弟妹妹做學生。我替弟弟妹妹排齊了桌椅，大家照了次序去坐好，先點名，弟弟妹妹就說一聲到；後來讀書，我讀了一句，弟弟妹妹也讀一句。

（注意）這個「爲」字的位置，放在語句的頭上或中間。

（練習）

一、他躺在牀上生病已經三個月了，我很替他担憂呢。

二、不能爲國犧牲者，非壯士也。

【爲】用法3

（解釋）相當於語體的「彼」或「受」或「給」。

（用法舉例）

第一例（文）張君有賢德，爲人所崇拜。

（語）張君有好德行，受別人崇拜的。

第二例（文）母猿爲獵人射死，猿子悲鳴不已。嗟夫！猿爲獸類，且知有母，况人也耶？

(語)母猿被打獵的人射死了，小猿悲傷地叫個不停。可歎哪！猿是獸類，尙且知道有母親，還要說是人類嗎？

第三例(文)一日，余見二蟲鬥草間；忽有龐然大物一躍而至，蓋一癩蝦蟆也，舌一吐而二蟲盡爲所吞。

(語)有一天，我看見兩個蟲鬥在草裏；忽然有個很大的東西一跳就跳過來，實在是一隻癩蝦蟆就是，舌頭一吐出來兩個蟲完全給牠吃掉。

(注意)

一、這個「爲」字的位置，放在語句的中間或頭上。

二、這個「爲」字的用法，下文大都接連一個「所」字，演做語體，「所」字就要倒裝。例如：

(文)爲人所崇拜。

(語)受別人崇拜的。

三、上面第二例，略去一個「所」字，加進「所」字也

好。例如：

無「所」字——母猿爲獵人射死。

加「所」字——母猿爲獵人所射死。

四、上面第三例，在「爲」「所」兩字的中間略去了實體詞，加進去也好。例如：

無實體詞——舌一吐而二蟲盡爲所吞。

有實體詞——舌一吐而二蟲盡爲癩蝦蟆所吞，

舌一吐而二蟲盡爲其所吞。

(練習)

一、老虎儘管有大力氣，到底給人們壓住的。

二、人不幸而爲瘋犬所噬，必死無疑矣？

【爲】用法4

(解釋)相當於語體的「是」。

(用法舉例)

第一例(文)一女兒哭於途中，我見而問之，知爲失道。因詢明其住址所在，送之回家。

(語)一個女孩子哭在路上。我看見了去問她，知道是迷路。我就問明白她住的地方在那裏，送她回到家裏。

第二例(文)桀溺曰：「子爲誰？」曰：「爲仲由。」曰：「是魯孔丘之徒與？」

(語)桀溺說：「你是誰？」子路說：我是仲由。」桀溺說：「是魯國孔丘的學生嗎？」

第三例(文)弟見畫中有一動物，呼爲貓；余笑曰：「此爲虎，居深山中，能食人畜，非貓也。」

(語)弟弟看見畫裏有一種動物，說是貓；我笑道：「這是老虎，住在深山裏，能够吃人吃畜生，不是貓呢。」

(注意) 這個「爲」字的位置，放在語句的中間或頭上。

(練習)

一、貓和狗，都是家裏飼養的動物。

二、人爲萬物之靈。

【爲】用法5

(解釋) 相當於語體的「做」或「當做」或「變成」。

(用法舉例)

第一例(文)余削竹爲杆，黏一小旗於杆上。

(語)我削了竹子做杆，貼一面小旗在杆上。

第二例(文)二人相約登山，競賽速力，以先登山者爲勝。

(語)兩個人彼此約定上山，比賽速力，拿先上山頭的當做勝利。

第三例(文)仲永受之天，如此其賢，不受之人，且爲衆人；今夫不受之天，固衆人，又不受之人，得爲衆人而已耶？

(語)仲永天生的才能，像這樣好，因爲不會受教育，尚且變成平常人；現在這些不是天生的才能，本來是平常人，還不去受教育，難道只做個平常人罷了嗎？

（注意）這個「爲」字的位置，放在語句的中間或頭上。

（練習）

一、社會上人和人的交接，拿信義當做主要事情。

二、爲人之道，修業與進德並重。

【爲】用法6

（解釋）相當於語體反問口氣的「呢」和「嗎」。

（用法舉例）

第一例（文）天之亡我，我何渡爲？

（語）天這樣滅亡我，我爲甚麼渡過河去求活呢？

第二例（文）何故深思高舉，自令放爲？

（語）爲了甚麼緣故偏要用心多想，做出清高的行動，自己弄到被革職呢？

第三例（文）季氏將伐顓臾；孔子曰：「是社稷之臣也，何以伐爲？」

（語）季氏打算攻打顓臾，孔子說：「這是國家的官員啊，爲甚麼攻打他呢？」

（注意）

一、這個「爲」字的位置，必須放在語句的末尾。

二、這個「爲」字的用法，和「乎1」字一樣。

（練習）

一、天已經夜了，爲甚麼不渡過去呢？

二、棘子成曰：「君子質而已矣，何以文爲？」

【曾】

（解釋）相當於語體的「簡直」。

（用法舉例）

第一例（文）愚公年九十，欲移山。其妻獻疑曰：「以君之力，曾不能損魁父之丘；且焉置土石。」

（語）愚公年紀九十歲，想鏟平高山。他的妻子表示懷疑說：「用你的力氣簡直不能够損傷魁父小山上的一堆泥土；再說那裏去安放泥土和石塊。」

第二例（文）子夏問孝。子曰：「色難！有事，弟子服其勞；有酒食，先生饌：曾是以爲孝乎？」

（語）子夏問孝道。孔子說：「和顏悅色最難！如果有了事情，小輩替長輩做：有了酒飯，請長輩先吃：難道這種小事情就可以拿來當做孝道嗎？」

第三例（文）涸轍中之鮒魚，向莊周乞斗升之水；莊周願激西江之水以迎之。鮒魚曰：「吾得斗升之水活耳：君乃言此，曾不如早索我於枯魚之肆！」

（語）沒有水的轍窩兒裏的鮒魚，向莊周討一斗或一升的水；莊周願意引了西江的水來迎接牠。鮒魚說：「我只要得到一斗或一升的水活命就是了；你卻是說這大話，簡直不如早點兒尋我在賣乾魚的鋪子裏罷！」

（注意）這個「曾」字的位置，放在語句的頭上或中間。

（練習）

一、他常常用惡毒的話罵人，簡直不知道禮貌是甚麼東西呢！

二、曾西艴然不悅曰：「爾何曾比予於管仲！」

【斯】用法1

（解釋）相當於語體的「就」或「這就」或「他就」。

（用法舉例）

第一例（文）人心樂，斯喜形於色。

（語）人心快樂，這就快樂表現在臉上。

第二例（文）子曰：「人之過也，各於其黨。觀過、斯知仁矣。」

(語)孔子說：「人的錯誤啊，個個人在他的同黨裏發生，覺得只有同黨的是好人，不同黨的就是壞人。人如果看出這種錯誤，他就知道『仁』的道理了。」

第三例(文)有孺子歌曰：「滄浪之水清兮，可以濯我纓；滄浪之水濁兮，可以濯我足。」孔子曰：「小子聽之！清斯濯纓，濁斯濯足矣，自取之也。」

(語)有個孩子唱歌道：「滄浪的水清啊，可以洗我的帽帶；滄浪的水濁啊，可以洗我的脚。」孔子說：「學生們聽聽這個歌罷！水清就洗帽帶，水濁就洗脚了，水被人看重或是看輕，是自己造成的。」

(注意)

一、這個「斯」字的位置，放在語句的頭上或中間。如果放在中間，要和上文可以讀斷。

二、這個「斯」字的用法，和「則2」一樣。

(練習)

一、不研究學問，不增長道德，他就墮落了。

二、季文子三思而後行。子聞之曰：「再，斯可矣！」

【斯】用法2

(解釋) 相當於語體的「這」「這個」或「這……」「這個……」。

(用法舉例)

第一例(文)余將以斯意質諸有道之士云。

(語)我打算把這個意思去問在懂得道理的人呢。

第二例(文)子貢曰：「有美玉於斯，韞匵而藏諸？求善賈而沽諸？」

(語)子貢說：「有一塊美玉在這裏，放在匣子裏拿去藏牠呢？還是等着高的價錢拿去賣掉牠呢？」

第三例（文）子謂子賤：「君子哉！若人。魯無君子者，斯焉取斯？」

（語）孔子稱讚子賤說：「君子哪！這個人。魯國如果沒有君子這種人，這個子賤那裏去學成這個君子呢？」

（注意）

一、這個「斯」字的位置，在語句的頭上、中間或末尾，都可以放得。

二、這個「斯」字的用法，和「此」字「茲」字一樣，可以換用。

（練習）

一、請你不要看輕這個話。

二、貧賤不移，惟君子有斯節操。

【惡】用法1

（解釋）相當於語體的「爲甚麼」或「怎麼」。

（用法舉例）

第一例（文）彼惡能勝我，品端而學優也。

（語）他爲甚麼能够好過我，品行端正又是學問好的緣故。

第二例（文）光陰一去不復來，人惡可一息不讀書，一息不進德？

（語）光陰過去了不會再來，人們怎麼可以一刻兒不讀書，一刻兒不進德？

第三例（文）若齒有損，食物未經充分之咀嚼，雖有極強之胃力，惡能消此不碎不爛之物以滋補其身乎？

（語）如果牙齒有了損壞，食品沒有經過充分的咬嚼，儘管有很強的胃力，怎麼能够消化這沒有碎沒有爛的東西來滋養身體呢？

（注意）

一、這個「惡」字的位置，放在語句的頭上或中間。

二、這個「惡」字的用法，和「何1」「安1」一樣。

（練習）

一、做個人，怎麼可以不讀書。

二、此人身體羸弱，惡能從軍？

【惡】用法2

（解釋）相當於語體的「那裏」或「那個地方」。

（用法舉例）

第一例（文）君子去仁，惡乎成名？

（語）君子丟掉了「仁」字，那裏去成就他君子的名稱呢？

第二例（文）爲人謙恭有禮，惡往而不受人之歡迎。

（語）做人謙和恭敬有禮貌，那個地方去卻是不受別人的歡迎。

第三例（文）孟子曰：「居惡在？仁是也。路惡在？義是也。」

（語）孟子說：「住的屋在那裏？「仁」就是呢。走的路在那裏？「義」就是呢。」

（注意）

一、這個「惡」字的位置，放在語句的頭上或中間，不可以放在末尾。

二、這個「惡」字在語體方面說的「那裡」，是疑問代名詞。

三、這個「惡」字的用法，和「何3」「安2」一樣。

四、這個「惡」字，如果下面加個「乎」字，成爲「惡乎」，也可以。

（練習）

一、怎麼說就怎麼做，那裏去卻是人家不信他。

二、牛惡在？在田間，馬惡在，在路旁。

【厥】

（解釋）相當於語體的「他的」。（或「牠的」「她的」「它的」）

（用法舉例）

第一例（文）道旁有一人焉，口講指畫，大放厥辭，似有神經病者。

（語）路旁邊有一個人在那裡，一面嘴裏說，一面做手勢，大大的發表他的議論，好像有神經病的。

第二例（文）書曰：「若藥不瞑眩，厥疾不瘳。」

（語）書經上說：「一個人害了重病，如果不用麻醉藥使他閉眼睛、頭暈，他的病不會治好的。」

第三例（文）某地軍警聯合剿匪，破厥巢，斬厥魁，餘匪盡散。

（語）某地方軍人和警察聯合起來截殺土匪，攻破了他的窩子，殺了他的首領，剩下的土匪都散開了。

（注意）

一、這個「厥」字的位置，放在語句的頭上或中間。

二、這個「厥」字的用法和「其1」字一樣。

（練習）

一、一個戲子唱曲子，大大的發出他的聲音，聽戲的人都拍手叫好。

二、有黑點焉，游泳於小池中，厥名蝌蚪。

【無乃（毋乃）】

（解釋）　相當於語體的「恐怕」或「只怕」或「未免」。

（用法舉例）

第一例（文）兒謂父曰：「父此次外出，無乃太久，將何以慰兒孺慕也？」

（語）孩子對父親說：「父親這回到外埠去，只怕太長久，打算怎麼拿來安慰我心裏常常紀念呢？」

第二例（文）賈人覆舟，急號曰：「誰能救我，予以百金。」漁者救之，則予十金。漁者曰：「向許百金而今予十金，無乃不可乎？」

（語）商人翻了船，着急地喊道：「誰能夠救我，拿一百兩銀子給他。」捉魚的人救了他，他就給十兩銀子，捉魚的人說：「剛纔你約定一百兩銀子，現在卻是給十兩銀子，恐怕不可以罷？」

第三例（文）仲弓曰：「居敬而行簡，以臨其民，不亦可乎？居簡而行簡，無乃太簡乎？」子曰：「雍之言然。」

（語）仲弓說：「自己做人恭敬卻是施行政事隨便，拿去治理他的百姓，不也可以嗎？自己做人隨便並且施行政事也隨便，未免太隨便了嗎？」孔子說：「雍（仲弓的名）的話是的。」

（注意）

一、這個「無乃」的位置，放在語句的頭上，在這語句的上面，要有別的語句。

二、這個「無乃」的用法和「得無」差不多。

（練習）

一、像這樣逼迫我，未免太厲害嗎？

二、求全責備，無乃太苛乎？

【無論】

（解釋）相當於語體的「不管」或「別談」「不要談」。

（用法舉例）

第一例（文）無論任何車輛，一律不得停留。

（語）不管甚麼車子，一概不許停留。

第二例（文）明日，無論晴雨，余必赴會。

（語）明天，不管天晴天雨，我一定到會。

第三例（文）小事尚如此難辦，大事無論矣。

（語）小事情還這樣不容易辦，大事情不要談了。

（注意）

一、這個「無論」的位置，放在語句的頭上或中間。

二、這個「無論」，改用「不論」「不問」也可以。

（練習）

一、不管長輩小輩，凡是寄給我信的人，我一定立刻答覆他。

二、有益之書，無論筆記、小說、詩詞、劇本，均可閱讀。

十四畫

【蓋】用法1

解釋）相當於語體的「因爲」。

用法舉例）

第一例（文）書不可不讀，蓋人之常識，多由讀書得之。

（語）書不可以不讀，因爲人們的常識，大都從讀書得到牠的。

第二例（文）古語云：「病從口入。」蓋食物不愼，易致疾病也。

（語）古話說：「病從口入。」因爲吃東西不小心，容易弄到害病的。

第三例（文）求學之道，宜日進不已；蓋求學如逆水行舟，不進卽退矣。

（語）求學的方法，應當天天進步着不停止；因爲求學好像在逆水裏行船，不前進立刻後退了。

（注意）

一、這個「蓋」字的位置，放在語句的頭上。在這語句的上面，要有別個語句，成爲先說果後說因的形式。

二、這個「蓋」字的用法，和「以3」一樣，但是用「蓋」字的，可以改「以」字；用「以」字的，不一定可以改「蓋」字。舉例說明如下：

蓋——古語云：「病從口入」；蓋食物不愼，易致疾病也。

以——古語云：「病從口入」；以食物不愼，易致疾病也。

以上「蓋」字換「以」字也通，因爲位置都放在語句的頭上，上面還有別個語句。

以——楚人以晏子短，爲小門於大門之側而延晏子。

蓋——楚人蓋晏子短，爲小門於大門之側而延晏子。

以上「以」字換「蓋」字不通，因爲「以」字位置可以放在語句的中間；並且「以」字是先說因後說果的形式，不像「蓋」字是先說果後說因的形式。

（練習）

一、身體應該常常洗澡，因爲不洗澡那就汗孔被骯髒的塵土遮住，身體容易弄到害病的。

二、語云：「禍從口出」，蓋出言不慎，每易遭禍也。

【蓋】用法2

（解釋）相當於語體的「實在是」。

（用法舉例）

第一例（文）一日，余見二蟲鬥草間；忽有龐然大物一躍而至，蓋一癩蝦蟆也，舌一吐而二蟲盡爲所吞。

（語）有一天，我看見兩個蟲鬥在草裏；忽然有個很大的東西一跳就跳過來，實在是一個癩蝦蟆就是，舌頭一吐出來兩個蟲完全被牠吃掉。

第二例（文）三國時，曹丕限其弟植在七步中成一詩。植即吟「煑豆燃萁」一詩應之，其意蓋諷兄弟之不當不和云。

（語）三國時候，曹丕限他的弟弟曹植在走路七步裡做成一首詩。曹植就做「煑豆燃萁」一首詩回答他，牠的意思實在是譏刺兄弟的不該不和睦呢。

第三例（文）蓋聞王者莫高於周文，霸者莫高於齊桓，皆待賢人而成名。

(語)實在是聽到王天下的人沒有高過周文王，霸天下的人沒有高過齊桓公，他們都得着賢人纔有了名氣。

(注意)

一、這個「蓋」字的位置，放在語句的頭上或中間。

二、這個「蓋」字的用法，如果放在語句中間的，可以改「固」字。

(練習)

一、他這樣節省樸實，實在是我趕不上的呢。

二、張君不缺課，今日因病缺課，蓋不得已也。

【蓋】用法3

(解釋) 相當於語體的「大約是」或「大概是」或「總是」。

(用法舉例)

第一例(文)張君忽一言不發，其意蓋不欲有所表示乎？

(語)張君忽然一句話也不說，他的意思總是不想有甚麼意見表示罷？

第二例(文)有蟻自西穴中出，嚮東蟻若偶語者，蓋求和也。

(語)有螞蟻從西面的洞裏走出來，對着東面的螞蟻像談話的，大概是求和呢。

第三例(文)淮南有諺曰：「雞寒上樹，鴨寒下水。」蓋謂雞鴨倘遇天寒，或上樹，或下水，以避寒也。有人留意察之，殊不驗。詢諸人，亦莫能解。後遇一嫗，嫗曰：「此音訛耳。當作『雞寒上距，鴨寒下嘴。』『上距』者，縮一足；『下嘴』者，以嘴插入翼中也。」試之果然。

(語)淮南有句俗語說：「雞寒上樹，鴨寒下水。」大約是說雞鴨如果遇到天氣冷，有的走上樹，有的走下水，拿來避開冷氣呢。有個人留心看牠們，實在不符合。問在別人那裏，也不能夠解釋。後來遇到一個老婦人，老婦人說：「這是字音弄錯罷了。應該說是『雞寒上距，鴨寒下嘴。』『上距』的意思，就是縮起一隻脚；『下嘴』的意思，就是把嘴插進翅膀裏。」試試牠眞的是這樣。

(注意)

一、這個「蓋」字的位置，放在語句的頭上或中間。

二、這個「蓋」字的用法，和「殆」字差不多，可以改用「殆」字。

(練習)

一、沒有緣故卻是哭，他的精神大概是有毛病的。

二、其有蓋可恃者，何妨託其進行。

【與（歟）】用法1

(解釋) 相當於語體反問口氣的「嗎」或「呢」。

(用法舉例)

第一例(文)愚者千慮，豈無一得歟？

(語)愚笨的人很多的思想，難道沒有一點兒心得嗎？

第二例(文)漁父問屈原曰：「子非三閭大夫與？何故至於斯？」

(語)漁父問屈原道：「你不是三閭大夫嗎？爲甚麼緣故弄到這樣呢？」

第三例(文)弟見「宋本」二字，問兄曰：「宋本者，殆宋姓之書本歟？」兄曰：「非也，宋代雕刻之書本耳。」

(語)弟弟看見「宋本」兩個字，問哥哥說：「『宋本』這句話，大約是宋家的書本嗎？」哥哥說：「不是的，宋朝時候雕刻印刷的書本就是了。」

(注意)

一、這個「與」字的位置，必須放在語句的末尾。

二、這個「與」字的用法，和「乎1」一樣，可以換用。

(練習)

一、他進醫科讀書，難道只研究解剖學嗎？

二、是魯孔丘與？

【與（歟）】用法2

(解釋) 相當於語體疑問口氣的「嗎」或「呢」。

(用法舉例)

第一例(文)君畢業後，升學歟？抑就業歟？

(語)你畢業以後，升學呢？還是去謀職業呢？

第二例(文)在此春假期中，宜南遊杭州歟？宜北遊揚州歟？請君爲我決之。

(語)在這春假時期裏，應該南面去遊杭州嗎？還是應該北面去遊揚州嗎？請你替我決定牠。

第三例(文)夫子之至於是邦也，必聞其政；求之與？抑與之與？

(語)老師的到了這個國家啊，一定參預這個國家的政治；是老師自己去求到牠的呢？還是君主情願來和他接談的呢？

(注意)

一、這個「與」字的位置，必須放在語句的末尾。

二、這個「與」字的用法，和「乎2」一樣，可以換用。

(練習)

一、你今天晚上自修，默字呢？還是抄筆記呢？

二、余意如此，然歟否歟？

【與（歟）】用法3

(解釋) 相當於語體的「罷」或「哪」。

(用法舉例)

第一例(文)教育不發達，一國之人才，將無昌盛之日歟？

（語）教育不發達，全國的人才，恐怕沒有興旺的日子罷？

第二例（文）傷心哉！秦歟？漢歟？將近代歟？

（語）傷心哪！是秦朝罷？是漢朝罷？恐怕是現代罷？

第三例（文）齊大饑，黔敖爲食於路，以待餓者而食之。有餓者來，黔敖曰：「嗟！來食。」餓者揚其目而視之曰：「予惟不食嗟來之食以至於斯也。」從而謝焉。不食而死。曾子聞之曰：「微與！其嗟也可去，其謝也可食。」

（語）齊國遇到大荒年，黔敖預備了食物放在路上，等那飢餓的人來給他吃。有一個飢餓的人走過來，黔敖說：「眞可憐！來吃罷。」那飢餓的人勉强張開他的眼睛來看看黔敖，說：「我只是爲了不吃別人可憐我的食物，纔弄到這樣地步的。」黔敖走上前去對他賠罪，那人不肯吃就死了。曾子聽見了這件事，說：「只差一點兒哪！在黔敖表示可憐的時候應當跑開，在黔敖賠罪的時候可以吃了。」

（注意）

一、這個「與」字的位置，放在語句的末尾。

二、這個「與」字的用法，和「乎5」差不多，可以換用。

（練習）

一、這個人讀書不專心，恐沒有希望罷！

二、猗歟盛哉！

【與（歟）】用法4

（解釋）相當於語體的「和」或「同」。

（用法舉例）

第一例(文)城外景物，與城內不同。

　(語)城外風景方面的各種東西，和城裏不是一樣。

第二例(文)清水一盂，略加墨汁，水與墨化，縷縷成紋。

　(語)清水一杯，畧微加些墨水，水和墨混合，一絲一絲成功紋路。

第三例(文)飛蛾乎！爾好與火燄相嬉乎，亦知火燄能喪爾生乎？何不智若此！

　(語)飛蛾呀！你喜歡同火燄彼此遊戲嗎？也知道火燄能够失去你的生命嗎？怎麼不聰明到像這個樣子！

(注意)　這個「與」字的位置，放在語句的中間或頭上。

(練習)

一、同你彼此認識，已經一年了。

二、不爲與不能，大有不同。

【與】用法5

(解釋)　相當於語體的「給」。

(用法舉例)

第一例(文)此銀盾也，君將贈與何人。

　(語)這個是銀盾，你打算送給甚麼人。

第二例(文)王君謂其兒曰：「茲有梨十枚，汝試分與家人，能適均乎？」

　(語)王君對他的兒子說：「現在有梨十隻，你試試看分給家裏人，能够平均嗎？」

第三例(文)子華使於齊，冉子爲其母請粟。子曰：「與之釜」。請益。曰：「與之庾」。冉子與之粟五秉。

　(語)子華被孔子差遣到齊國去，冉子替子華的母親向孔子要米。孔子說：「給她六斗四升。」冉子請加多些。孔子說：「給她十六斗。」冉子還覺得少，給她米八十石。

(注意) 這個「與」字的位置，放在語句的頭上或中間。

(練習)

一、肚子餓了就給他吃，身上冷了就給他穿。

二、一介不以與人。

【與其……不如……】

(解釋) 相當於語體的「如果……不及……」，但是照文言說，別人聽了也懂得，所以儘可以仍舊說「與其……不如……」。

(用法舉例)

第一例(文)與其談空理，不如求實驗。

(語)與其講空的道理，不如講究實地試驗。

第二例(文)與其悔於後，不如慎於前。

(語)與其懊悔在後頭，不如小心在前頭。

第三例(文)齊宣王見顏斶，曰：「斶前。」斶亦曰「王前。」宣王不悅。左右曰：「王，人君也；斶，人臣也。王曰『斶前』，斶亦曰『王前』，可乎？」斶對曰：「夫斶前為慕勢，王前為趨士，與其使斶為慕勢，不如使王為趨士。」

(語)齊宣王接見顏斶，說：「斶，走過來！」顏斶也說：「王，走過來！」宣王不快樂。侍從的人說：「王，是君主；顏斶，是臣子。王說『斶走過來』顏斶也說『王走過來』，可以嗎？」顏斶回答說：「論到我走到王的面前是愛慕權勢，王走到我的面前是敬重學者；與其使我做愛慕權勢的壞事，不如讓王得敬重學者的美名。」

(注意)

一、這個「與其……不如……」的位置，放在上下兩個語句裏，可以獨立。

二、這個「與其……不如……」，改成「與其……寧……」「與其……何如……」「與其……何若……」「與其……曷若……」都可以。

（練習）

一、與其讀商科，不如讀工科。

二、與其畜鸚鵡而供玩賞，不如畜雞鴨而有實用。

【寧】用法1

（解釋）相當於語體的「情願」或「不如」或「寧可」。

（用法舉例）

第一例（文）與其不自由，寧死。

（語）與其不自由，不如死。

第二例（文）與其奢也，寧儉。

（語）與其奢侈啊，寧可節儉。

第三例（文）楚王使二大夫聘莊子。莊子曰：「吾聞楚有神龜，死已三千歲矣；王巾笥而藏之廟堂之上。此龜者，寧其死而留骨而貴乎？寧其生而曳尾塗中乎？」二大夫曰：「寧生而曳尾塗中」。

（語）楚王派了兩個大夫去聘請莊子。莊子說：「我聽見楚國有個神龜，死了已經三千年了；楚王把牠的骨頭裝在竹箱裏，用布包好，去藏牠在王宮前殿的上面。你們想：這個龜，牠情願死了有人替牠保存骨頭纔顯得尊貴呢？牠還是情願活着能够在泥土裏拖着尾巴爬呢？」兩個大夫說：「情願活着能够在泥土裏拖着尾巴爬。」

（注意）這個「寧」字的位置，放在語句的頭上或中間。如果放在語句的中間，要和上面的字可以讀斷。

（練習）

一、我情願少談天，多看書。

二、與其悔於後，寧愼於前。

【寧】用法2

（解釋）相當於語體的「難道」。

（用法舉例）

第一例（文）君寧不知算法乎？竟不能演此淺易之算題。

（語）你難道不懂算法嗎？竟然不能夠做出這個淺易的算術題目。

第二例（文）公園既闢，吾人於業餘遊息其中，洵足使心神恬適；其有益於衞生，寧淺鮮哉？

（語）公園已經開闢，我們在業務餘暇時候游玩休息在那裏，確實可以使精神快樂安適；牠的有益在衞生方面，難道很少嗎？

第三例（文）一嫗好念佛。或勸之，不聽。其人乃立嫗旁，呼嫗數十次。嫗怒，其人曰：

「我呼汝數十次，汝即怒；汝念佛千百遍，佛寧不怒耶？」

（語）一個婦人喜歡念佛。有人勸她，不聽。那個人就站在婦人旁邊，喚婦人幾十遍。婦人生氣，那個人說：「我喚你幾十遍，你立刻生氣；你念佛幾千幾百遍，佛難道不生氣嗎？」

（注意）

一、這個「寧」字的位置，放在語句的頭上或中間。

二、這個「寧」字的用法，和「豈1」一樣，可以換用。

（練習）

一、天難道沒有知覺嗎？竟然讓人類慘殺到了這個盡頭哪！

二、我如此多方解釋，寧有不明之理？

【寧】用法3

（解釋）相當於語體的「怎麼」或「那裏」。

（用法舉例）

第一例（文）農不勤耕，寧有收穫？

（語）農人不努力耕種，那裏會有收割莊稼？

第二例（文）書爲各種知識之本源，寧有不讀書而能獲知識者。

（語）書本是各種知識的根源，那裏有不讀書能夠得到知識的。

第三例（文）若齒有損，食物未經充分之咀嚼，雖有極强之胃力，寧能消此不爛之物以滋補其身乎？

（語）如果牙齒有了損壞，食品沒有經過充分的咀嚼，儘管有很强的胃力，怎麼能夠消化這沒有碎沒有爛的東西來滋養身體呢？

（注意）

一、這個「寧」字的位置，放在語句的頭上或中間。

二、這個「寧」字在語體方面說的「那裏」，是副詞。不是形容詞、代名詞。

三、這個「寧」字的用法，和「豈2」「焉3」「安1」一樣。

（練習）

一、書沒有讀得熟，怎麼能夠掩卷念書呢？

二、此公物也，寧有售諸私人之理。

【爾】用法1

（解釋）相當於語體的「這樣」。

（用法舉例）

第一例（文）勝負無常，偶爾勝之，心不可驕，驕則必敗。

（語）勝利和失敗沒有一定，碰巧這樣勝了他，心裏不可驕傲，驕傲了那就一定失敗。

第二例（文）君以爲頗可一觀。果爾，余擬抽暇前往，一擴眼界矣。

(語)你覺得很可以一看。眞的這樣，我想抽出閒工夫到那邊去，放大放大眼界了。

第三例(文)此事余無暇過問，固不悉原委，張君告我云爾。

(語)這件事我沒有空閒去查問，本來不明白原來的底細情形，張君告訴我說這樣。

(注意)

一、這個「爾」字的位置，放在語句的中間或末尾。

二、這個「爾」字的用法，等於「如此」二字的合併語。

(練習)

一、學習跳舞卻是丟開學業，學生應該這樣嗎？

二、法官問君，君但言爾爾，不然，必不免刑。

【爾】用法2

(解釋)相當於語體的「罷了」。

(用法舉例)

第一例(文)莊王圍宋，軍有七日之糧爾！(公羊傳)

(語)莊王圍住宋國，軍隊裡只有七天的食糧罷了！

第二例(文)其在宗廟、朝廷，便便言，唯謹爾。

(語)他(指孔子)在行禮地方的宗廟，或是行政地方的朝廷，雖然辯論的樣子說着話，只是很小心罷了。

第三例(文)陳堯咨善射。賣油翁見其發矢十中八九，但微頷之。堯咨問曰：「吾射不亦精乎？」翁曰：「無他，但手熟爾！」

(語)陳堯咨很會射箭。賣油翁看見他射箭十次裏中了八九次，只是略微點點頭。堯咨問道：「我射箭的本領不是也算得很好嗎？」賣油翁說：「沒有別種道理，只是手法很熟罷了！」

(注意)

一、這個「爾」字的位置，放在語句的末尾。

二、這個「爾」字的用法，和「而已」一樣。

（練習）

一、使錢的方法，希望牠不缺，只有節省罷了。

二、某君每試必列前茅，無他，能專心一致爾！

【爾】用法3

（解釋）　相當於語體的「的樣子」。

（用法舉例）

第一例（文）卓爾而立。

（語）高遠的樣子站着。

第二例（文）漁父莞爾而笑，鼓枻而去。

（語）漁父微笑的樣子就笑了一笑，划着槳就把船划開去。

第三例（文）南宮縚之妻之姑之喪，夫子誨之髽曰：「爾毋從從爾，爾毋扈扈爾。」（禮檀弓）

（語）南宮縚的妻遭到她婆婆的喪事，孔子教訓她結褒髻的法子說：「你不要結得太高的樣子，你不要結得太廣的樣子。」

（注意）

一、這個「爾」字的位置，放在語句的中間或末尾。

二、這個「爾」字的用法，和「然」字差不多。

（練習）

一、老師微笑的樣子說：「你說的話是對的。」

二、君何爲默爾而息乎？

【爾】用法4

（解釋）　相當於語體的「你」。

（用法舉例）

第一例（文）願爾謹於事，毋瀆乃職。

（語）希望你小心在做事方面，不要輕忽你該做的事務。

第二例（文）王兒食物，嚼痛舌端，哭告其母。母曰：「爾細嚼緩咽，自無此患。」

（語）姓王的孩子吃東西，嚼痛了舌尖，哭着告訴他的母親，母親說：「你細細地嚼慢慢地咽，自然沒有這個毛病。」

第三例（文）飛蛾乎！爾好與火燄相嬉乎？亦知火燄能毀爾生乎？何不智若此！

（語）飛蛾呀！你喜歡同火燄彼此遊戲嗎？也知道火燄能够失去你的生命嗎？怎麼不聰明到像這個樣子！

（注意）

一、這個「爾」字的位置，放在語句的頭上、中間和末尾，都可以放得。

二、這個「爾」字的用法，和「若3」一樣。

（練習）

一、你打算到那裏去？怎麼怱忙到這樣。

二、若無父母敎爾育爾，爾何能成人？

【嘗】

（解釋）相當於語體的「曾經」「曾」或「過」。

（用法舉例）

第一例（文）余少時，未嘗讀史，故至今所知殊少。

（語）我年輕時候，不曾讀歷史，所以到現在知道的很少。

第二例（文）彼一生謹慎，何嘗作犯法之事乎？

（語）他一世對於言語行動很小心，那裏做過這種犯法的事情呢？

第三例（文）魏文帝嘗令東阿王曹植七步中作詩，不成者行大法。

（語）魏文帝曾經差遣東阿王曹植在走動七步路的時間裏做詩，做不成的時候就要重罰。

（注意）

一、這個「嘗」字的位置，放在語句的頭上或中間，下面緊接動詞。

二、這個「嘗」字的用法，語體如果說「曾」或「曾經」，動詞一定放在下面，文言是順寫，如果語體說「過」，動詞就放在上面，文言變成倒裝。照上面三個例，說明如下：

1像第一例第三例語體本用「曾」或「曾經」，動詞在下；如果改用「過」，動詞移在上面，文言就變成倒裝；

(語)我年輕時候沒有讀過歷史。

(文)余少時未嘗讀史。

(語)魏文帝曾經差遣東阿王曹植在走動七步路的時間裏做詩。

(文)魏文帝嘗令東阿王曹植七步中作詩。

2像第二例語體本用「過」，動詞在上；如果改用「曾」或「曾經」，動詞移在下面，文言就變成順寫：

(文)那裏曾(或「曾經」)做這種犯法的事情呢？

(語)何嘗作此犯法之事乎？

(練習)

一、柳宗元的字，我曾經學習牠；歐陽詢的字，我沒有學習過牠。

二、余嘗閱愛的教育，愛不忍釋。

【誠】

(解釋) 相當於語體的「實在是」或「確實」或「如果」。

(用法舉例)

第一例(文)人作事誠能始終不懈，必有成功之一日。

(語)人們做事情確實能夠從頭到底不疏忽，一定有成功的一天。

第二例(文)凡讀艱深之文，誠能勤檢字書，逐字明其意義，即不難領悟。

(語)凡是讀不容易懂的文章，如果能夠努力查字書，一個一個字都明白牠的意思，就容易讀得了。

第三例(文)夫天地之化，日新則不敝；故戶樞不蠹，流水不腐，誠不欲其常安也。

(語)論到天地生化萬物，天天更新就不會

壞；所以門軸不會蛀，流水不會臭，實在是不使牠常常安逸的緣故。

(注意)

一、這個「誠」字的位置，放在語句的頭上或中間。

二、這個「誠」字的用法，和「果」字「苟」字差不多。

(練習)

一、像他這樣品德很好，在我們同學裏頭，確實可以說少有的了。

二、書法，誠能每日練習，必有進步之一日。

十六畫

【諸】用法1

(解釋) 相當於語體的「他在」(或「牠在」「她在」「它在」)。

(用法舉例)

第一例(文)余訪友不值，悵悵歸然，遇諸塗。

(語)我訪朋友沒有碰到，失望的樣子回來，遇到他在路上。

第二例(文)一鼠偃臥篋中，不動。余疑鼠已死，覆諸地，鼠忽奔逃入穴。

(語)有一隻老鼠直挺挺地躺在箱子裏，不動。我懷疑老鼠已經死了，反轉牠在地上，老鼠忽然很快的逃進洞裏去。

第三例(文)工之僑作琴，以其不古也，乃謀諸漆工，作斷紋焉；又謀諸篆工，作古窾焉；匣而埋諸土。

(語)工之僑做琴，因為牠不古啊，就商量在漆匠那裏，在琴上假造幾條斷紋；又商量在雕刻匠那裏，在琴上假造幾個古洞；用匣子放好並且埋牠在泥裏。

(注意)

一、這個「諸」字的位置，必須放在語句的中間。

二、這個「諸」字的用法，等於「之於」二字的合併語，可以改用「之於」二字。例如：

用「諸字」——遇諸途、覆諸地。匣而埋諸土。

用「之於」字——遇之於途。覆之於地。匣而埋之於土。

（練習）

一、我有一枝毛筆，是叔父送給我的，收藏牠在匣子裏，拿來預備練習寫字的用途。

二、線裝書，宜藏諸櫥中，以免生蠹。

【諸】用法2

（解釋）相當於語體的「在」字。

（用法舉例）

第一例（文）余家苦鼠暴，乞諸人，得一貓。

（語）我家厭惡老鼠損壞東西，求在別人家，得到一隻貓。

第二例（文）余將以斯意質諸有道之士云。

（語）我打算把這意思去問在懂道理的人呢？

第三例（文）工之僑作琴，以其不古也，乃謀諸漆工，作斷紋焉；又謀諸篆工，作古窾焉；匣而埋諸土。朞年出之，獻諸樂官，樂官見之，皆曰：「此希世之珍也」

（語）工之僑做琴，因爲牠不古啊，就商量在漆匠那裏，在琴上假造幾條斷紋；又商量在雕刻匠那裏，在琴上假造幾個古洞；用匣子放好並且埋牠在泥裏。過了一年把牠拿出來，獻牠在樂官那裡，樂官看見了都說：「這是世界上少有的寶貝哪！」

（注意）

一、這個「諸」字的位置，放在語句的中間，在「諸」字上面要是個動詞；又和下面的字不可以讀斷。

二、這個「諸」字的用法，和「於1」一樣，可以改用「於」字。但是用「於」字的，不一定可以換用「諸」字。舉例說明如下：

諸——乃謀諸漆工。
於——乃謀於漆工。（也通）
諸——乞諸人。
於——乞於人。（也通）
諸——余將以斯意質諸有道之士云。
於——余將以斯意質於有道之士云。（也通）

……………………

於——產於杭州。
諸——產諸杭州。（也通，因爲「諸」字上面的字是動詞。）
於——於重九之日。
諸——諸重九的一天。（不通；因爲「諸」不能放在語句的頭上。）
於——輒朝運百甓於齋外。
諸——輒朝運百甓諸齋外。（不通；因爲「諸」字上面的字不是動詞。）

凡是「於」字上面不是動詞，或是「於」字放在語句的頭上的，都不可以把「於」字改換「諸」字。

（練習）

一、張君生氣了，表現在臉上。
二、求諸人，不如求諸己。

【諸】用法3

（解釋）相當於語體的「他呢」（或「牠呢」「她呢」「它呢」）或「這……嗎」。

（用法舉例）

第一例（文）或謂公冶長知鳥語，有諸？
（語）有人說公冶長懂得鳥說話的意思，有這件事嗎？

第二例（文）子貢曰：「有美玉於斯，韞匵而藏諸？求善賈而沽諸？」子曰：「沽之哉！沽之哉！我待賈者也。」
（語）子貢說：「有一塊美玉在這裏，放在匣子裏拿去藏牠呢？還是等着高的價錢拿去賣掉牠呢？」孔子說：「賣掉牠哪！賣掉牠哪：不過我要等着合格價錢的呢。」

第三例（文）賈人渡河覆舟，許漁者救之予百金。既起，則予十金。其後賈人又覆舟，而漁者在焉。人曰：「盍救諸？」漁者曰：「是許金而不酬者也。」袖而觀之，賈人遂沒。

（語）商人渡河翻了船，對捉魚的人約定救他起來就給一百兩銀子。已經救起了，卻是給十兩銀子。後來商人又翻了船，卻是捉魚的人在那裏。旁人說：「你怎麼不去救他呢？」捉魚的人說：「這是個約定了酬金卻是不拿出來的人呢。」把手藏在袖子裏不去救他，卻是看他，商人就沒在水裏去了。

（注意）

一、這個「諸」字的位置，放在語句的末尾。

二、這個「諸」字的用法，等於「之乎」兩字的合併語，可以改用「之乎」二字，例如：

用「諸」字——有諸？　盍救諸？　韞匵而藏諸？

用「之乎」字——有之乎？　盍救之乎？　韞匵而藏之乎？

（練習）

一、現在有一種很好的自來水筆，怎麼不買牠呢？

二、余聞張君樹人，善繪畫，又善吟詩，有諸？

【諸】用法4

（解釋）　相當於語體的「各」「各樣」「各種」「各個」或「許多」「許多樣」「許多種」「許多個」。

（用法舉例）

第一例（文）諸位先生，諸位同學。

（語）各位老師，各位同學。

第二例(文)諸事進行順利，足以告慰。

(語)各種事情辦得稱心沒有阻礙，可以安慰你。

第三例(文)除國語科以外，倘有歷史、地理、自然、算術諸科。

(語)除了國語科以外，還有歷史、地理、自然、算術許多科。

(注意)這個「諸」字的位置，放在語句的頭上或中間；不可以放在語句的末尾。

(練習)

一、園裏的花，有鳳仙、雞冠、秋葵許多種。

二、諸君，幸勿辜負此韶光也。

【獨】用法1

(解釋)相當於語體的「難道」或「怎麽」。

(用法舉例)

第一例(文)貓有噬雞之病，獨無捕鼠之能乎？

(語)貓有咬死雞的毛病，難道沒有捉老鼠的本領嗎？

第二例(文)彼已再三言之，爾獨未聞之乎？

(語)他已經兩次三次的說過牠，你難道沒有聽見牠的話嗎？

第三例(文)物之飲食，天不能知；人之飲食，天獨知之？

(語)東西的喝和吃，天不能够知道；人的喝和吃，天怎麽知道呢？

(注意)

一、這個「獨」字的位置，放在語句的頭上或中間。

二、這個「獨」字的用法，和「何1」「豈1」差不多。

(練習)

一、大家都厭惡他，你難道喜歡他嗎？

二、村民已逃避一空，爾獨不懼乎？

【獨】用法2

（解釋）相當於語體的「卻是」或「只有」。

（用法舉例）

第一例（文）人事易變遷，山河獨無恙。

（語）人事容易變動，山河卻是沒有出毛病。

第二例（文）屈原曰：「世人皆濁我獨淸，衆人皆醉我獨醒，是以見放。

（語）屈原說：「世人都是濁我卻是淸，衆人都是醉我卻是醒，因爲這個緣故被革職了。」

第三例（文）有畜豕者，生一小豕，其頭獨白。其人誇示鄰人，以爲奇貨。

（語）有個養豬的人，生了一隻小豬，牠的頭卻是白的。那個人自己稱讚着給鄰居人看，拿來當做奇怪東西。

（注意）

一、這個「獨」字的位置，放在語句的頭上或中間。如果放在中間，要和上面的字可以讀斷。

二、這個「獨」字的用法，和「乃2」差不多。

三、這個「獨」字的用法，如果語體說的話不用「卻是」，改用「只有」，文言方面就變成倒裝的形式。說明如下：

語體用「只有」——只有山河沒有毛病。
文言就變倒裝——山河獨無恙
語體用「只有」——世人都是濁只有我淸。
文言就變成倒裝——世人皆濁我獨淸。
語體用「只有」——只有牠的頭是白的。
文言就變倒裝——其頭獨白。

（練習）

一、別人都到操場上去遊玩了，他卻是在自修室裏溫課。

二、人皆有母，惟我獨無。

十七畫

【雖】

（解釋）相當於語體的「儘管」或「卽使」。

（用法舉例）

第一例（文）虎用力而不用智。力之用一，智之用百，以一敵百，雖猛不能勝。

（語）老虎會用力氣，卻是不會用智慧。力氣的功效譬如是一，智慧的功效就是一百，拿一來抵擋一百，卽使兇猛不能得到勝利。

第二例（文）孟子曰：「待文王而後興者，凡民也；若夫豪傑之士，雖無文王猶興。」

（語）孟子說：「要等着文王的敎化纔起來從善的人，平民就是；像那才能出衆的人，卽使沒有文王的敎化還自己起來從善。」

第三例（文）人苟無名譽心則已；苟有名譽心，則雖有千百難事橫於前途，以遮斷其進路，而鼓其勇氣，終必能排除之。

（語）人如果沒有名譽心就罷了；如果有名譽心，那麼儘管有許許多多的難事情橫在前面，拿來遮斷那向前的路，卻是激動他的勇氣，到底一定能够排除牠。

（注意）這個「雖」字的位置，放在語句的頭上或中間，在下文必須接着意思相反的語句。

（練習）

一、年紀儘管大些，卻是學問見識不及年紀小的人。

二、火爐雖可取煖，而不利衛生。

【雖然】

（解釋）相當於語體的「儘管是這樣可是」或「卽使是這樣可是」。

（用法舉例）

第一例（文）未學而愚，非眞愚；雖然，謂之不愚，則不可也。

(語)因爲沒有求學就笨起來，不是眞的笨；卽使是這樣，可是說他不笨，那就不可以呢。

第二例(文)延陵季子曰：「徐君觀吾劍，不言而其色欲之；吾爲有上國之使，未獻也；雖然，我心許之矣。」

(語)延陵季子說：「徐國的君主看看我的寶劍，嘴裏不說卻是他的臉色表示要得到牠；我因爲有到晉國去的使命在身，沒有把寶劍送給他呢；儘管是這樣，可是我的心已允許他了。

第三例(文)姨母壽辰將屆，姊妹二人籌慶祝之禮。妹曰：「父母自有餽送，何煩吾輩？」姊曰：「雖然，吾輩亦宜藉物伸意。」乃繡「萱室長春」四字贈之。

(語)姨母的生日快要到了，姊妹兩個人計劃慶祝的禮物。妹妹說：「父親母親自然有東西送去，爲什麼要忙我們？」姊姊說：「儘管是這樣，可是我們也應該借些東西表示慶祝的意思。」就繡了「萱室長春」四個字送給她。

(注意) 這個「雖然」的位置，放在語句的中間，可以讀斷；在「雖然」的上面下面，都要有別的語句。就語意方面說，「雖然」上面的文字是退讓；「雖然」下面的文字是推進。

(練習)

一、這件事本來不容易辦，儘管是這樣，可是我們如果能够盡力做去，也不見得牠不容易呢。

二、時已深秋，百花零落無存；雖然，東籬之下，有黃花焉，戰寒風而傲嚴霜，其名曰菊。

【縱】

(解釋) 相當於語體的「卽使」或「儘管」。

(用法舉例)

第一例（文）縱有人憐我，我無顏對之矣。

（語）即使有人可憐我，我沒臉對他了。

第二例（文）此次經商，縱無大利可獲，亦必不致虧耗。

（語）這回做生意，儘管沒有大利可以得到，也一定不會弄到蝕本。

第三例（文）陸君善繪人物，縱寥寥數筆，亦能傳神。

（語）陸君很會畫人物，即使很少的幾筆，也能够表現那人物的精神。

（注意）

一、這個「縱」字的位置，放在語句的頭上或中間。在這語句的下面，要有別的語句。

二、這個「縱」字的用法，和「雖」字「即2」一樣，可以換用。

（練習）

一、讀文章沒有明白牠的意義，即使能够不看書背出來，有甚麼用呢？

二、朱君習算多年，縱不全部瞭解，亦當粗知大概。

十八畫

【藉曰】

（解釋）　相當於語體的「即使說」。

（用法舉例）

第一例（文）藉曰不明事理，亦何致鑄此大錯。

（語）即使說不懂事情的道理，也怎麼弄到造成這個大大的錯誤。

第二例（文）藉曰地球不自轉，試問晝夜何以成。

（語）即使說地球不會自己轉動，請問日夜怎麼會成功。

第三例（文）優勝劣敗，乃天演之公例；藉曰不然，則弱肉何以强食。

（語）「優勝劣敗」是天演的公例；即使說不是這樣，那麼弱的肉為甚麼被强的吃掉。

（注意）

一、這個「藉曰」的位置，放在語句的頭上；在這語句的上面，要有別的語句。

二、這個「藉曰」，改成「借曰」也可以。

（練習）

一、卽使說沒有這種事情，爲甚麼大家批評的話這樣的多呢？

二、藉曰未知，君亦不能卸此責任。

廿一畫

【顧】

（解釋）相當於語體的「只是」或「不過」或「卻是」「可是」。

（用法舉例）

第一例（文）儉，美德也，顧世俗薄視之。

（語）儉，美德就是，卻是世俗人看輕牠。

第二例（文）酒能傷腦，固不可飲；顧少飲亦無大害也

（語）酒能够損害腦筋，實在是不可以喝；不過少喝些也沒有大壞處的。

第三例（文）今日欲往虞山遊覽，顧天不作美，忽下大雨，遂不果行。

（語）今天想要到虞山去走走看，可是老天不幫忙，突然下大雨，就不能前去。

（注意）

一、這個「顧」字的位置，放在語句的頭上，在這語句的上面，要有別個語句。就語意方面講，在「顧」字上下，意思是略有轉變的。

二、這個「顧」字的用法，和「但1」「特」「第1」「惟1」「徒」「獨」等字，大都可以通用。

（練習）

一、早起，好習慣就是，卻是大家往往不能够天天實行。

二、斯樓雖高，顧不若都市大廈之高也。